L'ENTRÉE DE LA REYNE MERE DV ROY TRES-CHRESTIEN DANS LES VILLES DES PAYS BAS.

A ANVERS, EN L'IMPRIMERIE PLANTINIENNE DE BALTHASAR MORETVS, M. DC. XXXII.

Reyne, dont les grandeurs vous rendent sans seconde,
Le Ciel assuietit la Terre sous vos Loix ;
Non pas en qualité de Mere de trois Roys,
Mais pour estre en vertu la merueille du Monde.

A
LA REYNE
MERE
DV ROY.

MADAME,

Ie deuois cette Hiſtoire à la Poſterité, pour faire voir aux ſiecles à venir que vous auez eſté l'ornement du voſtre; mais d'vne façon ſi vnique, que ie leur laiſſe le deffy de repreſenter à nos nepueux vne Reyne qui vous reſſemble. La Memoire a beau ranimer les cendres de toutes ces femmes illuſtres, dont les Poëtes ont chanté ſi hautement & le merite & la Vertu, pour les faire reuiure en deſpit de la mort.

Vostre berceau sert de sepulture à leur renommée, puis qu'en naissant Vous nous auez fait voir qu'il n'y auoit rien d'immortel en vostre sexe, que les vertus, les beautez, & les graces, dont le Ciel, à l'enuy de la Nature, vous auoit si richement ornée. Que tous les peuples de la terre publient donc a l'enuy que vous estes, non pas vne des plus grandes Reynes du monde, car vos grandeurs n'ont point de limites, & moins encore vne des plus parfaites Princesses qui fut iamais; puis que vos merites tous adorables ne sçauroient souffrir de comparaison qu'auec eux mesmes: mais bien que Vous auez esté l'vnique Espouse d'HENRY LE GRAND, & que vous estes encore l'heureuse Mere de LOVIS LE IVSTE: ou plutost, pour comprendre toute vostre gloire par vostre seul nom glorieux, que vous estes MARIE DE MEDICIS, puis que c'est le nom propre auiourdhuy de tout ce qu'il y a de diuin sur la terre. C'est en ce seul langage,

MADA-

MADAME, qu'on doit touſiours parler de voſtre MAIESTE'; Et c'eſt auſſi ſur ce meſme ton que ie ſouſtiens hardiment, que vos malheurs vous erigent tous les iours des nouueaux thrônes de felicité, puis qu'en courant le monde vous le conquerez : car vous auez des douceurs & des graces qui ſcauent l'art naturellement de deſrober les cœurs : de ſorte que dans l'Empire d'autruy vous vous treuuez touſiours Souueraine. Ce qui me fait croire, que tous ces petits diuorces ſe termineront à la fin à cette ialouſie que mon Roy aura, de vous voir triompher par amour, de tous les peuples qu'il euſt peu vaincre par ſes armes. Ce ſont les penſées & les ſouhaits,

MADAME,

De Voſtre treſ-humble, treſ-obeiſſant,
& treſ-fidelle ſeruiteur

P. de la Serre.

SONNET A L'AVTHEVR SVR SON HISTOIRE.

I'Ay veu cette Splendeur que tu nous veux descrire,
Mais ton liure, la SERRE, *a de si doux attraits,*
Que les originaux cedant à tes portraits,
I'eus bien moins de plaisir à la voir qu'à la lire.

Ta plume, cher amy, que tout le monde admire,
Penetre dans les cœurs auec de si doux traits,
Que voir sans passion les choses que tu fais,
C'est voir vne beauté sans qu'elle nous attire.

*l'*INFANTE *quelque iour, ou le Decret des Cieux*
De l'aspect de la REYNE *aura priué ses yeux,*
Estant par tes escrits subtillement deceüe,

Pensera bien souuent de la voir reuenir;
Et la REYNE *lisant, comme elle fut receüe,*
Croira plutost le voir que de s'en souuenir.

François de Lisola.

LE TRIOMPHE DE L'ENTREE DE LA REYNE MERE, ET L'ARRIVEE DE SON ALTESSE, DANS LA VILLE DE MONS.

HISTOIRE CVRIEVSE
DE TOVT CE QVI C'EST PASSE'
A L'ENTRE'E
DE
LA REYNE MERE
DV
ROY TRES-CHRESTIEN
DANS
LES VILLES DES PAYS BAS.

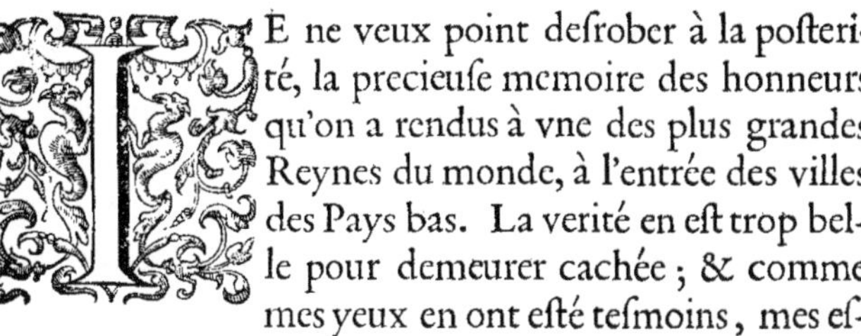

E ne veux point deſrober à la poſterité, la precieuſe memoire des honneurs qu'on a rendus à vne des plus grandes Reynes du monde, à l'entrée des villes des Pays bas. La verité en eſt trop belle pour demeurer cachée ; & comme mes yeux en ont eſté teſmoins, mes eſcrits en ſeront les trompettes.

Sa Maieſté fut receüe dans la ville d'Auenes, par Monſieur le Baron de Creuecœur, en qualité de Gouuerneur, auec toutes les magnificences que ſon pouuoir ſceut mettre en œuure : & quoy que le temps & le lieu ne ſecondaſſent pas ſes deſirs, ſon bon eſprit luy fournit aſſez de moyens pour s'acquiter dignement d'vn deuoir & ſi iuſte & ſi neceſſaire. Il traicta toute la Court trois iours entiers ; mais d'vne façon ſi ſagement prodigue, que tout y eſtoit admirable, dans vn deſordre ſans confuſion.

Ie n'oublieray pas de vous dire, que desſlors que ſa Maieſté fut arriuée en cette ville d'Auenes, tout le peuple d'alentour y accourut en foule, comme au iour d'vne feſte publique, à deſſein de voir cette ſage Princeſſe; & en effect leur enuie eſtoit fort loüable, puis que ſans courre le monde, ils pouuoient contempler en elle ſeule toutes en les merueilles.

Il y eut quelques Dames qui ſe deſguiſerent en bergeres à meſme intention, croyant que cet habit leur donneroit plus de liberté, & moins de contrainte en cette entrepriſe: mais leurs beautez ne furent pas ce coup là aſſez diſcretes; car en exerçant leur empire, elles en firent cognoiſtre la grandeur: & cette cognoiſſance fit autant de curieux, que d'eſclaues, pour s'informer de leur condition. L'accueil que la Reyne leur fit toutefois, les recompenſa prodigalement de la peine qu'elles auoient priſe.

Monſieur le Prince d'Eſpinoy fut ſalüer la Reyne à Auenes, comme Gouuerneur general du Pays de Henault; pour auoir occaſion, en luy rendant ce deuoir, de luy renouueller les proteſtations de l'ancienne ſeruitude, qu'il auoit voüée en ſes ieunes ans à ſa Maieſté, ayant eſté nourri & eſleué aupres du feu Roy: & la ſupplier, par meſme moyen, de venir dans la ville de Monts, capitale de ſon Gouuernement; comme vn lieu dont le ſeiour luy ſeroit & plus agreable, & plus commode.

La Reyne luy teſmoigna le reſſentiment qu'elle auoit de ſa bonne volonté: & apres des remerciemens qui portoient deſia auec eux leur recognoiſſance, elle s'excuſa d'vn ſi prompt depart, ſur le pretexte du long voyage qu'elle venoit de faire; eſtant reſoluë de ſeiourner quelque temps à Auenes; où dés le moment qu'elle fut entrée, Monſieur le Baron de Creuecœur receut la loy d'elle ſeule, auſſi bien que le mot, pour marque de ſa Souueraineté. Monſieur le Baron de Gueſprey porta le premier compliment de la

Reyne

Reyne à ſon Alteſſe, pour la remercier des honneurs qu'elle auoit receus dans ſa ville d'Auenes. Le chois que ſa Maieſté fit de ſa perſonne, eſt vne preuue ſurabondante de ſon merite.

Son Alteſſe ne manqua pas auſſi, deſlors qu'elle eut apris les nouuelles de l'arriuée de ſa Maieſté, de l'enuoyer viſiter par Monſieur le Marquis d'Aytona, Ambaſſadeur ordinaire, & Seigneur de marque pour ſon merite, auſſi bien que pour ſa condition; auec commandement expres de luy offrir de ſa part la meſme puiſſance, & la meſme authorité qu'elle auoit ſur les Pays bas, pour en diſpoſer abſolument; & luy reiterer à toute heure cette priere d'accourcir le terme de ſon depart, comme attendant, auec impatience, l'honneur de la voir.

Le compliment en fut receu de la Reyne auec beaucoup de ſatisfaction; & d'autant plus que la perſonne, qui le luy faiſoit, eſtoit conſiderable d'elle meſme; la ioye qu'elle en eut, parut egalement & ſur ſon viſage, & en tous ſes diſcours; tenant à beaucoup de faueur, celle de la bienueillance dont ſon Alteſſe luy donnoit des nouueaux teſmoignages.

Cette premiere viſite termina pour quelque peu de temps l'amoureuſe diſpute de ces deux Princeſſes, touchant les aſſeurances reciproques de leur mutuelle affection. Ie dy pour quelque peu de temps, puis que de iour à autre les courriers ſe rencontroient en chemin, afin d'en rendre continuel le commerce.

La veille du iour du depart de la Reyne, Don Philippe Albert de Velaſco, Capitaine de la Compagnie des genſdarmes de ſon Alteſſe; ieune Seigneur, dont la valeur iointe à la beauté du corps, & à la bonté de l'eſprit le rendroit vnique & ſans pareil, ſi la nature ne luy euſt donné deux freres; arriua dans la ville d'Auenes auec ſa Compagnie, pour en offrir le ſeruice à ſa Maieſté, de la part de l'Infante. Et le lendemain ſe preſentant deuant la Reyne, monté à ſon aduantage, & armé de toutes pieces à la teſte de ſa Compagnie, il luy fit ſon compliment ; apres auoir commandé à ſon Cornete de ſalüer par trois fois ſa Maieſté à la Royale, abaiſſant iuſques à terre ſon eſtendart, en paſſant deuant elle.

La Reyne teſmoigna dans l'accueil qu'elle luy fit, que ſon merite luy eſtoit auſſi cognu que ſa condition : & les loüanges publiques qu'elle luy donna, rendirent ſes deſirs meſmes meſcognoiſſans, quelques zelez qu'ils fuſſent, ne pouuant ſouhaiter vn aſſez grand employ pour ſon ſeruice, qui euſt du rapport à l'honneur qu'il en receuoit. Il ſuiuit ſa Maieſté auec ſa Compagnie dans la ville de Monts; où iour & nuict il y auoit trente genſdarmes de garde à l'entour de la maiſon du Prince, où la Reyne logeoit, ſans conter la Compagnie de gens de pied qui ſeruoit de nouuelle garde ordinaire : & toutes les fois que ſa Maieſté ſortoit hors la ville, la Compagnie de genſdarmes eſtoit de ſa ſuitte.

Apres pluſieurs remiſes du iour du depart, vne derniere reſolution en faict ſonner l'heure. Monſieur le Baron de Creuecœur rendit encore de ſi bonne grace les derniers deuoirs à ſa Maieſté, qu'elle l'en remercia & de parolle, & en effect ; luy donnant pour preſent, pluſtoſt que pour recognoiſſance, vn riche diamant. Ie ne vous diray pas ſon prix, puiſque la main qui le donne, le met hors d'eſtime : il me ſuffit de vous ramenteuoir, qu'vne grande Reyne ne faict iamais de petis preſens.

Sur l'aduis que Monſieur le Prince d'Eſpinoy eut de la venuë de la Reyne dans la ville de Monts, il fit faire commandement à tous les Bourgeois de ſortir en armes hors les portes, pour aller rencontrer en chemin ſa Maieſté ; & deux ou trois heures auant ſon arriuée, il monte à cheual, & luy va au deuant, accompagné de toute la Nobleſſe du Pays. Sans mentir, il faiſoit beau voir ce Prince monté à ſon aduantage, & paré de ſa bonne mine ordinaire, à la teſte de cent Gentilshommes, tous richement veſtus. Il ſalüa ſa Maieſté pour la ſeconde fois, luy teſmoignant en particulier

lier la ioye publique, que tout le Pays se preparoit à celebrer de son heureuse arriuée; & qu'en ce commun ressentiment d'allegresse, il y participoit des premiers.

Quoy que le bon visage que la Reyne luy fit, fust assez capable de le satisfaire, elle y adiousta les nouueaux remerciemens des faueurs publiques, qu'il luy faisoit esperer. Et comme on s'aprochoit peu à peu de la ville, sa Maiesté entendit à mesme temps les effects des parolles qu'il luy auoit tenuës, par le resonnement du bruict de trois à quatre mille coups de mousquets, dont les Bourgeois saluerent pour la premiere fois sa Maiesté.

Comme elle fut arriuée à la porte de la ville, Messieurs du Magistrat saluërent sa Maiesté, & vn des Messieurs des Pensionnaires de la ville luy fit cette harangue:

» MADAME,

» Il faudroit que nos cœurs nous seruissent de langue, pour »exprimer dignement la ioye de nos ames en cet heureux »iour de l'arriuée de vostre Maiesté: parce que la gloire qui »nous en demeure est si grande, que dans nostre silence mes»me nos pensées ne sçauroient la representer que confuse»ment. Toutesfois cette confusion sera plus eloquente que »nos discours, puis qu'aussi bien dans vn tel excez & de con»tentement & de bonheur, il ne nous est permis d'ouurir la »bouche, que pour asseurer vostre Maiesté, que nous sommes »ses tres-humbles & tres-obeissans seruiteurs.

La Reyne receut à faueur les tesmoignages de leur affection & de leur zele en son endroit, les priant de croire, qu'elle en conserueroit cherement le souuenir.

A ces derniers mots les canons firent leurs harangues, dont le sens fut plus agreable que le discours, cõme poussé par vn organe vn peu trop fort pour contenter l'oreille. Les mousquets en suitte recommancerent leur musique, qui ne cessa iusques à ce que les trompettes leur imposerent silence, aux aproches de la maiſon du Prince où la Reyne deuoit loger. O qu'il y auoit du plaiſir à voir dans la grande place de Monts, les Bourgeois & les enfans de la ville, en nombre de quatre à cinq mille hommes, tous alarmez d'vn excez de ioye & de contentement, en action de charger, & de tirer ſans ceſſe leurs mouſquets; & ſi ſouuent, qu'on ne pouuoit voir le ſoleil qu'au trauers de mille nuages de fumée!

Les ruës & les feneſtres eſtoient parées de toutes les Dames de la ville, & des lieux aux enuirons; & en leur admiration, le chemin pareſſoit de moitié plus court qu'il n'eſtoit pas.

La nuict de ce iour fut ſans tenebres, comme eſclairée de mille nouueaux iours, dont les feux de ioye eſtoient les ſoleils. Les danſes publiques chaſſerent le ſommeil des yeux du peuple, eſtant touſiours en action, pour teſmoigner ſon allegreſſe. Veritablement Meſſieurs de la ville firent pareſtre dans la petiteſſe de leur pouuoir la grandeur de leur zele, ils ne manquerent pas de preſenter le vin de la ville à ſa Maieſté, teſmoignant par cette derniere action, qu'ils contribuoient tous leurs efforts à celebrer la feſte de ſon arriuée. Ie voudrois auoir des termes aſſez eloquens, pour exprimer les loüanges qu'ils meritent.

Meſſieurs des trois Eſtats furent ſalüer auſſi la Reyne, & chaſque Compagnie auoit vn Chef qui portoit la parolle pour tous enſemble, comme ſi ne pouuant accroiſtre ny leur zele ny leur affection, ils ſe fuſſent mis en peine de treuuer vn artifice pour augmenter le nombre de leurs deuoirs.

Sa Maieſté n'eut pas pluſtoſt faict ſon entrée dans la ville de Monts, qu'elle ſe treuua ſi pleine d'eſtrangers, qu'on cherchoit inutilement vn meſchant giſte, auec beaucoup d'argent. Tout le long du iour la maiſon du Prince eſtoit aſſiegée d'vn nombre infini de Damoiſelles, & de Bourgeoiſes, à deſſein de voir la Reyne; & leur impatience eſtoit

ſi granſi grande en ce deſir, que ſa Maieſté ſe priua d'vn iour de repos, pour contenter leur curioſité, ſortant pluſtoſt qu'elle n'auoit reſolu. Et le contentement de la voir leur eſtoit ſi cher, qu'elles ne s'en pouuoient iamais laſſer, ayant remarqué pluſieurs fois les meſmes Dames dans le nouueau ſoing de la reuoir. Ce n'eſt pas que ie m'en eſtonne; car cette Princeſſe porte tant de Maieſté ſur ſon front, tant de douceur dans ſes yeux, & tant de graces ſur le reſte de ſon viſage, que la moindre peut ſeruir d'entretien ordinaire aux plus beaux eſprits.

Monſieur le Duc de Veraguas, Grand d'Eſpagne, & en toute ſorte de qualitez, donna le Bal à Madamoiſelle de Montmorency Chanoineſſe de Monts, dont la vertu eſt auſſi cognuë que ſa race. Toutes les Chanoineſſes ſes compagnes s'y firent admirer veſtuës à leur aduantage, & parées de mille agreables affeteries, qui rehauſſoient l'eſclat de leurs beautez crimineles. Ie dy crimineles, puis qu'elles furent conuaincuës d'auoir bleſſé les cœurs les plus innocens; tant elles eſtoient malicieuſes. Les filles de la Reyne y parurent auſſi, ſans autre ornement que celuy de leurs douceurs, & de leurs graces natureles; dont la puiſſance eſtoit ſi redoutable, qu'elles firent plus d'idolatres, que d'admirateurs.

Toutes les fois que la Reyne ſortoit de la maiſon du Prince, les plus petites ruës pareſſoient des grands marchez, par la foule du peuple, qui en rempliſſoit & les chemins & les aduenuës, ſans autre deſſein que de reuoir encore cette grande Princeſſe, comme s'ils auoient deſia recognu cette verité, par vne experience ſenſible, que ſes doux regards reioüiſſoient les cœurs, retenant quelque choſe de la vertu du ſoleil, dont ſes beaux yeux ſont les ſeules images animées.

Ie n'oublieray pas de vous dire, comme ſa Maieſté fut vn iour oüir Veſpres dans l'Egliſe des Chanoineſſes de Monts, où toutes ſe trouuerent veſtuës de leurs beaux habits blancs,

dont

dont la façon doucement graue,& maieſtueuſe, attiroit des reſpects, & des ſubmiſſions des plus orgueilleux. De vous dire auſſi qu'elles portoient des fraiſes à l'Eſpagnole, auec vn voile blanc ſur la teſte, qui leur couuroit à demy le viſage, ſçachant bien que la moindre partie auoit autant de pouuoir que le tout; ie crains que ces ornemens eſtrangers ne vous les repreſentent deſia trop belles pour voſtre repos. Imaginez vous donc en paſſant, la perfection de leurs beautez, puis que la blancheur faiſoit pareiſtre ſi noirs leurs voiles blancs,qu'à peine pouuoit on ſe perſuader qu'ils l'euſſent iamais eſté. Mille graces pieuſes,& autant d'apas innocens, animoient egalement, & leurs regards, & leurs actions, tandis que d'vne voix Angelique ils tentoient puiſſamment les eſprits de croire que c'eſtoient en effect des Anges.En verité, ie n'auois iamais veu tant de ieunes merueilles enſemble.Et pour eſtre trop rauy encore & de ioye & de plaiſir en cette agreable penſée,les termes me manquent pour publier les loüanges qu'elles meritent. Il me ſuffit de vous faire ſçauoir, que la Reyne paſſa deuotement deux heures de ſon temps, auec beaucoup de ſatisfaction,dans cette belle Egliſe;s'entretenant apres Veſpres auec ces Dames,dont la grandeur de la naiſſance a quelque raport à celle de leur merite.

L'heure de ſouper m'oblige à vous parler des feſtins. Monſieur le Prince d'Eſpinoy deffrayoit toute la Court, tenant tous les iours vne table de cinquante couuerts,dont la magnificence eſtoit le Maiſtre d'hoſtel : car ſans mentir, on n'y pouuoit rien adiouſter, ſoit pour la delicateſſe, pour la diuerſité, ou pour l'abondance des mets, ſeruis à quatre fois auec vn ordre admirable. Et ce qui rendoit encore ces feſtins plus delicieux, c'eſtoit la muſique du bruit des ſantez du Roy, de la Reyne, de ſon Alteſſe, & de Monſieur, qu'on beuuoit continuellement, & beaucoup d'autres de cette importance, dont ie vous laiſſe l'enuie apres vous auoir aſſeuré que le vin eſtoit treſ-excellent.

Les

Les courriers ce pendant auoient frayé vn nouueau chemin par leurs courſes ordinaires depuis Monts iuſques à Bruxelles, chargez des ſeules nouuelles de la ſanté de ces deux Princeſſes, dont elles ſe donnoient tous les iours des reciproques aſſeurances. Tandis que ſon Alteſſe ſe preparoit de faire elle meſme ſon meſſage, pour terminer l'impatience qu'elle auoit de voir ſa Maieſté; & quoy qu'elle ſoit deſia en chemin, ie vous diray auant qu'elle arriue à la ville, que les portes ne ſe fermoient iamais, que par commandement de la Reyne, donnant tous les iours le mot à Monſieur le Prince d'Eſpinoy; ce que vous remarquerez en paſſant. Mais ne parlons point de fermer les portes, puis que les mulets & les chariots du bagage de la maiſon de ſon Alteſſe y ſont deſia arriuez pour annoncer ſa venuë.

La Reyne ſuiuie de toute ſa Court, & accompagnée de Monſieur le Prince d'Eſpinoy, & de toute la Nobleſſe du Pays, va au deuāt de ſon Alteſſe demi-lieüe hors de la ville. Dom Philipe Albert de Velaſco ne manqua pas de s'y treuuer auec toute ſa Compagnie de gendarmes, portant chacun auec les eſcharpes rouges vne iſabele, qui marquoit la couleur de ſa belle Maiſtreſſe. Aux approches des carroſſes de ces deux Princeſſes, ſon Alteſſe deſcend la premiere, & marche quelques pas en auant: & la Reyne ne perd point temps pour l'aller rencontrer, comme elle faict.

Mais en cet abord, l'amour plus puiſſant que le reſpect, defend les ceremonies: car ſur le point que ſon Alteſſe s'abaiſſoit pour ſaluër la Reyne plus reſpectueuſement, ſa Maieſté la releue auec les efforts de ſes embraſſemens; dont l'action, quoy que muete, eſtoit ſi eloquente pour exprimer en ſon langage les ſecrets ſentimens d'vne perfaicte affection, qu'elle n'auoit pas beſoin d'interprete; leurs careſſes reciproques firent les premiers complimens, ſe treuuant egalement muetes par vn excez de ioye, dont la paſſion doucement violente leur impoſoit ſilence.

Que vous ſçaurois ie dire maintenant à la veüe de ces deux grandes Princeſſes, vnies ſi eſtroitement enſemble & d'ame & de corps, auec de nouuelles chaines, toutes d'embraſſemens & de baiſers ? I'eus ceſte ſaincte penſée de la viſitation de Marie & d'Eliſabet; & m'entretenant touſiours ſur vn obiect ſi agreable, ie m'imaginay en ſuite que la Sageſſe, & la Pieté, toutes deux deſcenduës du Ciel en diuerſes contrées, s'eſtoient heureuſement rencontrées en ce lieu,& qu'à l'enuy de leur affection mutuelle,elles ſe faiſoient mille careſſes. Ie vous laiſſe cette carriere libre.

Son Alteſſe recouurant peu à peu la parole,qu'vn extreme contentement luy auoit oſtée,aſſeure la Reyne de cette meſme verité, & luy perſuade de croire, que ſon cœur luy auoit faict ſa premiere harangue; n'ayant iamais peu exprimer à ſon abord, la ioye qu'elle en reſſentoit. Ces diſcours furent ſuiuis des offres de tout ce qui eſtoit ſous ſa puiſſance, dont elle luy fit dés l'heure meſme le preſent; mais de ſi bonne grace,que la Reyne,quoy qu'vne des plus genereuſes Princeſſes du monde,fut ce coup là touchée de l'aprehenſion de deuenir ingrate, à force d'eſtre trop puiſſamment obligée. Elle ſe reuencha toutefois en quelque façon, de ces teſmoignages de bonne volonté,par des nouuelles aſſeurances qu'elle luy donna, d'vne parfaite affection en ſon endroit, & d'vn pareil deſir à chercher les occaſions pour paruenir vn iour à quelque ſorte de recognoiſſance.

La Reyne remonte dans ſon carroſſe auec l'Infante, & toutes deux enſemble, ſuiuies chacune de ſa Court, font leur entrée dans la ville de Monts, dont les Bourgeois tous en armes, recommencent de celebrer la feſte de leur allegreſſe publique, par le concert d'vne nouuelle muſique de mouſquets, où les canons faiſoient la baſſe.

Son Alteſſe fut accompagner ſa Maieſté iuſques dans la maiſon du Prince, où elle logeoit;& eſtant dans ſa chambre,

bre, elle ne voulut iamais s'aſſoir à coſté de la Reyne, luy deferant par tout mille honneurs, auec tant d'humilité & tant de grace, qu'on ne ſe pouuoit iamais laſſer d'en admirer l'action. Ce fut en ce lieu où toutes les Dames de l'Infante ſaluërent ſa Maieſté. Repreſentez vous le plaiſir qu'il y auoit à voir ces boutons de roſes, à demy eſclos, pancher reſpectueuſement la teſte iuſques à la tige de ce lis Royal: à voir, diſ-ie, toutes ces beautez ſouueraines, dont l'Empire ne peut iamais auoir de limites, proſternées aux pieds de cette grande Reyne, pour en receuoir la loy. I'eus alors en penſée de voir le ſoleil dans ſon midy, tout entouré de rayons eſclatans, dont le ſeul reiailliſſement de ſa propre lumiere, eſt le pere : car de meſme toutes ces ieunes Dames eſclatoient en maieſté, par celle que la Reyne leur communiquoit. Tellement qu'en s'abaiſſant de la ſorte, elles s'eſleuoient chacune dans vn trône.

C'eſtoit vn nouueau plaiſir à voir encore ces meſmes Dames de l'Infante veſtuës à l'Eſpagnole, ſe meſler confuſement parmy les Dames & les filles d'honneur de la Reyne, pour ſe ſalüer reciproquement. Mais toutes leurs actions de ciuilité, de reſpect & de careſſes, eſtoient animées de ialouſie, auſſi bien que d'amour : car l'vne paliſſoit de crainte, de voir ſes appas vaincus par de plus puiſſans charmes; l'autre rougiſſoit de honte, d'auoir pretendu à la pomme, deuant vne nouuelle Cipris: celle là cachoit ſa cholere ſous vne apparance de douceur, ayant admiré par force des attraits plus redoutables que les ſiens ; & celle cy toute pleine de vanité, n'ayant iamais treuué de miroir qui la flataſt, s'honnoroit elle meſme par le ſecret meſpris qu'elle faiſoit de toutes les autres, ſans conſulter d'autre oracle que celuy de ſon opinion.

A ne mentir point, on euſt dict que l'amour tenoit la foire des douceurs & des graces dans cette chambre; tandis que les Caualiers defendoient nonchalamment leurs libertez contre de ſi doux ennemis; & que par vn amoureux artifice de leur imagination, ils gouſtoient ſenſiblement les appas de toutes ces amoureuſes careſſes, dont ils eſtoient ſi fort teſmoins.

La Reyne & l'Infante s'entretindrent vn long temps enſemble en cette premiere viſite, comme ſi elles euſſent eu deſia de la peine à ſe ſeparer; quoy que ce ne fuſt que de corps, & par l'interualle d'vne ſeule nuict. Les adieux ſe firent pourtant auec toutes les ceremonies qui ſe pratiquent en cette ſorte de complimens. Son Alteſſe ſe retira dans le Palais qu'on luy auoit preparé, & le lendemain elle reuint voir la Reyne, & diſner auec elle, afin d'eſtre obligée à paſſer tout le reſte de la iournée en ſon doux entretien,comme elle fit.

Ie m'imagine, qu'il y auoit vn extreme contentement à voir ſeruir à table ces deux grandes Princeſſes: la Reyne par ſes Filles d'honneur, & l'Infante par ces ieunes Dames du Palais. Ce fut alors qu'on euſt peu admirer les Graces Françoiſes, & les Graces Eſpagnoles, toutes enſemble, & iuger à quelles apartenoit le prix. Mais il n'eſtoit pas permis aux Caualiers, ie veux dire, aux Paris, d'approcher des yeux ſeulement,d'vn lieu qui n'auoit rien de profane.

Ce iour fut l'auant-veille du depart de la Reyne: & le terme qu'on auoit pris eſtant expiré, les deux Cours ſe preparent egalement à ſuiure ces deux Princeſſes à Marimont; qui eſt vne maiſon de plaiſance apartenant à ſon Alteſſe.

La Reyne teſmoigna auant que partir à Monſieur le Prince d'Eſpinoy, le ſouuenir qu'elle auoit des agreables ſeruices dont il l'auoit obligée, l'aſſeurant qu'aux premieres occaſions de s'en reuancher,la recognoiſſance en ſeroit le remerciement.

Monſieur le Prince d'Eſpinoy, qui ne chercha iamais d'autre ſatisfaction que celle de bien faire, ſe treuua prodigalement recompenſé de toutes ſes peines, par la peine que la Reyne auoit prise d'ouurir la bouche seulement, pour l'en remercier. Ce qu'il s'efforça de luy persuader par la response qu'il luy fit. Il accompagna encores sa Maiesté & son Altesse à demi-lieüe hors la ville, auec la mesme compagnie de Noblesse qui auoit esté à son entrée, & s'en reuint tout chargé d'honneur, par celuy que la Reyne luy fit, luy renouuellant encore ces asseurances de n'oublier iamais les bons seruices qu'il luy auoit rendus. Vn superbe festin l'attendoit, où il traita somptueusement tous les Gentilshommes du Pays, qui l'auoient accompagné; & tous ensemble beurent si souuent à la santé de la Reyne & de l'Infante, que la leur en fut alterée.

Vous sçaurez, que sa Maiesté & son Altesse coucherent dans le chasteau de Marimont, situé à sept lieuës pres de Bruxelles. C'est vn lieu dont le seiour est fort agreable, soit en la beauté des bastimens, ou en la fecondité des eaux, que l'art tient tousiours en reserue, pour les departir egalement à vn grand nombre de fontaines, où il faict admirer le chef d'œuure de son industrie. Ie changeray de discours.

Monsieur le Comte de Noyel, Gouuerneur general de la Duché de Limbourg, & d'autres Pays outre Meuse, & Maistre d'hostel de l'Infante, Seigneur de tres-grande consideration, auoit desia receu commandement expres de son Altesse, d'aller trouuer la Reyne à Auenes, & demeurer tousiours aupres de sa personne, pour donner ordre qu'elle fust seruie selon son contentement. Mais comme il estoit en vne de ses maisons esloignée d'Auenes, il ne peut se rendre aupres de sa Maiesté, quelque diligence qu'il fist, que dans la ville de Monts; où il eut l'honneur de la saluër, demeurant tousiours aupres d'elle, depuis ce temps là, par vn commandement reiteré de l'Infante.

Ce fut luy qui donna l'ordre pour traiter sa Maiesté & son Altesse, auec toute la Court à Marimont; dequoy il s'acquita auec des loüanges publiques.

Le triomphe de l'Entrée de la REYNE MERE DV ROY TRESCHRESTIEN, *accompagnée de* SON ALTESSE, *dans la Ville de Bruxelles.*

Les nouuelles asseurées de l'arriuée de la Reyne à Bruxelles, auoient sommé tous les Seigneurs, & tous les Caualiers, à se tenir prests pour aller au deuant de sa Maiesté. Et Messieurs du Magistrat de la ville furent trouuez tous disposez d'obeir aux commandemens qu'ils auoient receus de l'Infante, pour honnorer l'entrée de la Reyne de toutes les demonstrations d'allegresse, & des tesmoignages de resioüissance qui seroient possibles. Ce qu'ils firent auec autant de zele que de pompe, selon le peu de temps qu'ils auoient pour s'en acquiter.

Sur l'apresdinée de ce grand iour de feste publique, ils firent sortir hors la ville dix Compagnies de Bourgeois superbement vestus, & plus richement armez, en nombre de quatre à cinq mille hommes. Chaque Compagnie commandée en particulier par vn Capitaine, & en general par Messire Charles de Lokinghem, Cheualier Seigneur de Melsbroeck; comme Sergent Maior de la ville. Et cet escadron de dix Compagnies, eut ordre de faire halte à vne lieüe loing dans vne vaste campagne, assise à costé des aduenuës par où sa Maiesté deuoit passer.

Les cinq Compagnies des Confrairies, vulgairement appellées Guldes, composées chacune de deux cens Bourgeois, des plus notables, eurent commandement aussi de sortir, & de s'arrester à demi-lieüe plus pres de la ville, comme ils firent en tres-bel ordre.

On mist encore en garde sur les bouleuars de la porte d'Anderlecht, par où sa Maiesté deuoit faire son entrée, trois cens Bourgeois des plus qualifiez. Et ce mesme lieu estoit orné d'vn grãd nombre de canons, qui d'vne bouche tousiours beante, tesmoignoient desia l'impatience qu'ils auoient de faire esclatter dans l'air, le bruit de ceste reioüissance.

Sur la tour de la porte de la ville, comme aussi sur les rempars, on voyoit vn nombre infini de pieces de fer, & de mortiers, tous preparez à faire grand bruit d'vne ioye si com-

commune; en attendant que douze trompettes,qui estoient en mesme endroit, fissent resonner hautement l'armonie d'vne plus douce musique.

Entre les deux portes on auoit dressé vn theatre, à diuers degrez, tapissé d'escarlate: où Messire Iean François vander Eé, Cheualier, Seigneur de Meys, Aman; Iacques vander Noot, Cheualier, Seigneur de Kiesecum, Bourgmaistre; & Messieurs les Escheuins, Thresoriers, Receueurs, & Conseil de la ville, qui representoient tout le corps du Magistrat, auoient pris leur place, en attendant sa Maiesté pour la feliciter de son heureuse arriuée.

Sur les quatre heures du soir, Monsieur le Marquis de saincte Croix, Gouuerneur general des Armées de sa Maiesté Catholique aux Pays bas, accompagné de beaucoup de Seigneurs de marque, & d'vn nombre infini de Caualiers, les vns en carrosse, & les autres à cheual, mais tous parez d'vn esclat de magnificence, fut au deuant de la Reyne. Et à la veüe du carrosse de sa Maiesté, où son Altesse estoit aussi, Monsieur le Marquis de S. Croix, auec tous les Seigneurs & Caualiers qui l'accompagnoient, mirent pied à terre, & salüerent la Reyne, & l'Infante; s'acquitant tous à la fois, quoy que diuersement, d'vn mesme deuoir; mais auec tant de respect, & tant d'humilité, qu'on n'y pouuoit rien adiouster sans excez.

Aux approches de sa Maiesté, ces dix Compagnies de Bourgeois enuoyerent à ses oreilles le bruit de leur allegresse, dont vn nombre infini de coups de mousquets furent par trois fois les prompts messagers. Et à leur exemple les cinq Compagnies des Confreries s'acquiterent d'vn semblable deuoir, par vne mesme action toute de reioüissance.

Comme la Reyne fut arriuée entre les deux portes de la ville, elle fit arrester son carrosse à la veüe de Messieurs du Magistrat, qui s'estoient desia mis en deuoir de salüer sa Maiesté. Et à mesme temps Messire Charles Schotte, Cheualier,

ualier, Conſeillier, & Penſionnaire de la Ville, s'aduance, & de la part de toute la Compagnie luy faict cette harangue:

MADAME,

„ Il y a pres de cent ans, que cette Ville ſe vid honnorée de la „ preſence de la Reyne de France, Eleonor, ſœur de l'Empe-„ reur Charles Quint de treſ-auguſte memoire: & comme „ l'allegreſſe en fut publique, par toute la Ville; la memoire de „ la faueur qu'elle en receut, y eſt demeurée perpetuele. Le „ bruit de cette verité, MADAME, a deſia reſonné à vos oreil-„ les: car aux premieres nouuelles de l'arriuée de Voſtre Ma-„ ieſté, le ſouuenir du meſme aduantage autrefois receu, ac-„ compagné d'vne reſioüiſſance nompareille, s'eſt reſueillé „ dans l'ame d'vn chacun, pour s'acquiter ſelon ſa puiſſan-„ ce, à force de cris de ioye, & d'acclamations d'allegreſſe, „ de l'honneur que Voſtre Maieſté leur faict auiourdhuy. Et „ leur impatience eſt ſi grande encore à publier leur conten-„ tement, qu'à peine m'accordent ils ce petit interualle de „ temps, quoy que ie l'employe à confirmer à V. M. les „ aſſeurances & de leur affection & de leur zele. Auſſi, „ MADAME, qui eſt celuy d'entre nous, qui ne beniroit le „ iour auquel nous voyons aſſemblez, ou pluſtoſt eſtroite-„ ment liez d'vn nœud Gordien, & de corps & de cœur, „ & de vertu, & de merite, ces deux grands luminaires de la „ Chreſtienté? Ces deux Princeſſes, diſ-ie, dont les actions „ plus qu'admirables peuuent enrichir la Poſterité de leur „ memoire. Ces deux Princeſſes, diray-ie encore, dont la ſa-„ geſſe ſeruira touſiours d'eſcole aux plus grands Roys du „ monde, pour apprendre de porter dignement vne Cou-„ ronne ſur la teſte, & vn Sceptre à la main.

„ Ce ſeul deſplaiſir, MADAME, ſert de temperament à „ noſtre ioye, d'auoir eu le temps ſi contraire à nos deſirs, „ puis que ſes courtes limites nous ont marqué vne carriere „ trop petite, pour faire voir à Voſtre Maieſté la grandeur de nostre zele par vne semblable magnificence. Que si les « termes nous manquent encore, pour exprimer à quel prix « nous mettons l'honneur qui reiaillit à plein sur nous, par « l'esclat de la Royale presence de la Mere de nostre Reyne, « Mere de tant de Roys, & de tant de vertus tout ensemble: « nous tirons vanité de ce defaut, puis qu'il n'apartient qu'au « silence de publier sa gloire; tandis que nous en grauerons « la verité, & dans nos cœurs, & dans le plus beau liure des « euenemens de la Ville. «

Et apres ces asseurances, MADAME, nous ne pouuons « offrir à Vostre Maiesté, que les mesmes cœurs, que nous « auons desia destinez à porter eternelement les marques du « souuenir de vos perfections toutes Royales, auec cette tres- « humble priere d'en agreer le present, puis qu'il est inseparable de nos vœus, pour l'accomplissement de ses desirs, & de « nostre obeissance, pour l'execution de ses cōmmandemens; « comme faisant profession publique, de porter la qualité de « ses tres-humbles, & tres-obeissans seruiteurs. «

La Reyne, qui auoit presté l'oreille auec attention, rompt son long silence; & respond, qu'elle se sentoit fort obligée de tant de tesmoignages d'affection, dont on la fauorisoit à son arriuée; & qu'il ne seroit iour de sa vie, que la pensée & le souuenir ne luy en fussent egalement agreables, en attendant auec impatience le moyen de s'en reuancher.

A ces derniers mots, les canons, les mortiers, les autres pieces de fer, les mousquets, & les trompettes prirent la parole; & chacun en son langage fit vne nouuelle harangue à sa Maiesté: mais comme ils parloient trop haut tous à la fois, il falut deuiner ce qu'ils vouloient dire, les ayant oüys sans les entendre.

Les cloches de la Ville tenoient leur concert à part à diuerses parties: & les airs de leurs carillons estoient si agreables, qu'à leur oüye les cœurs bondissoient d'vne nouuelle ioye dans le sein.

La

La grande cloche de sainct Nicolas, qui ne sonne iamais qu'aux entrées des Princes Souuerains du Pays, se fit entendre de loing, plus de deux heures, auec autant d'estonnement que de plaisir. Mais on en receuoit beaucoup d'auantage, à voir toutes les fenestres des maisons, qui regardoient sur la ruë par où sa Maiesté passoit, entourées de flambeaux, à dessein, sans doute, de prolonger cet heureux iour par leur clarté.

Les voilà arriuées à la grande place de l'hostel de Ville. Ce fut là où elles treuuerent vne nouuelle Compagnie de trois cens Bourgeois, armez à leur aduantage, & vestus de mesme, qui entouroient la place pour en defendre l'entrée. Ils ne manquerent pas de les salüer en passant, puis qu'ils n'auoient pris les armes que pour leur rendre ce deuoir: mais il est croyable, que le vent de leurs souspirs de ioye, raluma le feu de leurs meches pour ne tirer point à faux.

L'hostel de Ville estoit tapissé par dehors de drap rouge, à frange verte, auec vn pauillon de mesme estoffe par dessus les galleries: lesquelles estoient remplies de clerons, de trompettes & de hautbois, dont la melodie commença à rauir les cœurs par les oreilles, & de ioye, & de contentement, à la veüe du carrosse de sa Maiesté.

La tour de S. Michel, Patron de la Ville, tres artistement faicte, & assise au dessus de l'hostel de Ville, de la hauteur de 331. pied & demy, estoit chargée iusques au sommet de certaines lampes ardantes, dont l'industrie de l'ouurier rendoit leur lumiere d'autant de differentes couleurs qu'elles estoient en nombre. Et en l'admiration de tous ces obiects esclatans en merueilles, les yeux, & les esprits, ne s'ennuyoient iamais. Tellement que l'hostel de Ville paressoit tout en feu; & la flame en estoit si belle, qu'à peine se seroit on resolu à l'esteindre, si elle eust menacé d'embrasement.

Tandis que sa Maiesté sera en chemin pour venir au Palais; ie vous diray, comme on y auoit preparé ſa demeure dans le cartier de l'Archiduc: où l'on treuuoit à plein pied quatre chambres, auant qu'entrer dans celle de la Reyne, & toutes ſomptueuſement tapiſſées: les vnes de toile d'or, à diuerſe façon, mais de grand prix; & les autres de ſatin blanc, ſurhauſſé d'vne broderie de pots de fleurs, tirées apres le naturel par vne main, dont l'induſtrie rendoit l'ouurage plus qu'admirable. On entroit à ſuite dans ſa chambre parée de certains tableaux qui furent hors d'eſtime, dés le moment que le Peintre les mit au iour. Le lict où ſa Maieſté deuoit coucher, eſtoit dreſſé dans vn Alcueua (ie me ſers du mot Eſpagnol) ſon eſtofe de toile d'or friſée, ſe faiſoit admirer de loing auec eſtonnement.

Son grand cabinet, où elle tenoit ſa Court, eſtoit à coſté de ſa chambre. Sa tapiſſerie n'eſtoit auſſi que de tableaux; mais ſi rares, qu'ils ſeruent d'eſchole aux plus grands maiſtres de l'art.

Tout ce logement eſt percé du coſté du Nort, afin qu'il ſoit à l'ombre le long de la iournée. De ſorte que les feneſtres & les balcons eſtant touſiours à labri du ſoleil, les Dames peuuent auoir à toute heure la liberté de la veüe ſur le Parc, où mille obiects produiſent autant de plaiſirs à ceux qui les contemplent. Les vignes, les prez, les valées, les montagnes, les ruiſſeaux, & les fontaines, y pareſſent confuſement en ordre. Ie dy en ordre dans vne confuſion, puis que l'obiect en eſt & ſi beau & ſi delicieux, que les plus melancoliques y treuuent dequoy ſe deſennuyer.

On y admire auſſi vn iardin ſolitaire, dont les ombres ſont encore ſi chaſtes, que le ſoleil ne les a iamais ſceu forcer. Il eſt ſitué dans vne valée deſerte, où l'art en deſpit de la nature, y faict loger le printemps au milieu de l'hyuer; ayant vouté toutes les allées de lauriers touſiours verds, pour les mettre à labri des foudres du temps. Mais toutes enſemble font vn labyrinthe, à deſſein d'y faire eſgarer tous

ceux

ceux qui s'y promenent; & sans mentir, toutes les fois que ie m'y suis perdu, ie n'ay iamais eu l'enuie de me retrouuer, parce que mille plaisirs m'y tenoient compagnie : mais sans y penser i'en trouuois à la fin la sortie, où la tristesse m'attendoit.

Le iardin des parterres y tient encore son rang; comme estant cultiué par vn si sçauant iardinier, qu'en toute saison, celle des fleurs y est en regne. Les grotes s'y laissent admirer à leur tour, estant animées d'vn si puissant artifice, qu'elles font ioüer l'eau de toute sorte d'instrumens, contrefaire le rossignol, & se deguiser en tant de formes, & en tant de figures, que ie ne sçay comment dire pour en exprimer le plaisir. Adioustez à tout cela le diuertissement des bestes sauuages : ie dy sauuages de nature; car depuis que les Dames de l'Infante se ioüent auec elles, elles retiennent quelque chose de leur douceur, d'où vient qu'elles ne sont plus farouches. Les phanfares des trompettes m'obligent à changer de discours, pour vous faire changer d'entretien.

Sa Maiesté arriue en fin au Palais, dont les auenuës & les entrées estoient peuplées de tant de monde, qu'à peine pouuoit on remarquer les traces du chemin par où il falloit passer : mais comme c'estoit la foule d'vn peuple zelé, la presse en estoit agreable, à force d'en estre incommode.

Elle estoit suiuie de toute la Court de l'Infante, dont la magnificence paressoit à son iour, quoy qu'il fust nuict; & de la sienne encore, laquelle dans sa petitesse esclatoit & de gloire & de grandeur, au plus fort des tenebres. Son carrosse estoit esclairé de cent flambeaux de cire blanche, portez par autant de Bourgeois de marque, tous teste nuës. Et en cette sorte, elle fit sa premiere entrée dans le Palais : où Monsieur d'Andelot, premier Maistre d'Hostel de l'Infante, luy fit son premier compliment, auec tous les respects conuenables à vne telle action.

La Reyne s'arresta dans son anti-chambre auec l'Infante ſous le dais qui y eſtoit tendu pour receuoir les tributs d'honneur, & les hommages de reſpect de pluſieurs Dames & Seigneurs de qualité, qui n'auoient pas encore eu ce bon heur & cette gloire de faire la reuerence à ſa Maieſté.

Ce fut en ce lieu où toutes les deux Courts de ces grandes Princeſſes ſe treuuerent encore vne fois aſſemblées: mais à ne mentir point, on n'y reſpiroit qu'vn air tout de feu, comme enflammé par tant d'amoureux regards, & comme battu par tant de ſouſpirs de meſme nature, qu'à moins d'auoir vne ame de piralide, ou vn corps de ſalemandre, on pouuoit courre danger d'eſtre à la fin reduit en cendres.

Mais il me ſemble que c'eſt vne agreable curioſité, de ſçauoir le doux eſtonnement, où les ieunes Caualliers du Pays ſe trouuoient, dans cette belle aſſemblée, ſe voyant en liberté, contre les loix inuiolables d'vne contraire couſtume, non ſeulement de mirer de pres leurs Maiſtreſſes, mais encore de les entretenir à ſouhait & à plaiſir, en preſence de la Reyne, & de l'Infante meſme. Ce commerce d'vne honneſte franchiſe leur eſtoit & ſi cher & ſi agreable, dans ſa nouueauté extraordinaire, qu'ils enuioient le bonheur de ceux qui ioüiſſoient de ces priuileges: mais au plus fort de leur rauiſſement, les obiects qui les cauſoient, s'eſuanoüiſſent par la ſeparation de la Reyne & de l'Infante; & de tous ces plaiſirs, il ne leur en reſte que le ſouuenir. Ie laiſſeray ſa Maieſté en repos dans ſon cabinet, attendant l'heure du ſouper; & ſon Alteſſe dans ſa chambre, pour vous faire vn ſecond recit d'vne ſeconde reioüiſſance, que tout le peuple celebre à l'enuy l'vn de l'autre.

Toutes les ruës eſtoient des ſalles à bal, puis qu'on y danſoit aux chanſons à diuerſes troupes, tandis que la lumiere des feux de ioye faiſoit perdre peu à peu la memoire de celle du iour. La grande place de la Ville ne fut iamais ſi eſclairée en plein midy, qu'elle eſtoit cette nuict là: car à voir le nombre des piramides enflammées qu'on

y auoit

y auoit erigé, ie m'imaginois que c'estoient des nouueaux monts Ætna, qui deuoient brusler sans cesse. Sur les pierres d'attante du bail de la Court, on y auoit faict allumer aussi vn si grand nombre de feux, que le seul reiaillissement de la lumiere esclairoit toute la Ville. De sorte que cette nuict passa au nombre des autres, sans estre aperceüe, à force d'estre esclairée, & le iour vint lors qu'on l'attendoit le moins.

Messieurs du Magistrat qui pensoient continuelement aux moyens d'honnorer sa Maiesté, par toute sorte de respects & de seruices, luy presenterent le lendemain, selon la coustume, le vin de la Ville dans des grands vaisseaux peints de rouge, aux anses dorées: & ce present ne se faict iamais qu'aux testes Couronnées.

Ie remarque en cette action, comme Messieurs de la Ville n'ont rien oublié pour s'acquiter dignement de leur deuoir, enuers vne si grande Princesse. Ie dy dignement, selon leur puissance; mais tousiours auec defaut, selon le merite du suiet, & la grandeur de leur zele.

A quatre heures apres midy du mesme iour, les Conseils du Roy, en Corps vindrent salüer sa Maiesté. Le premier qui eut audience, fut le Conseil priué. Et Messire Fernand de Boisschot, Cheualier, Baron de Zauenthem, dont le merite est dans l'approbation publique, prit la parolle pour toute la Compagnie, & fit cette harangue à la Reyne:

" MADAME,

" Ceux du Conseil priué du Roy ne peuuent assez exprimer " à V. M. l'indicible allegresse que nous auons de son heu- " reuse arriuée en ces Pays, dont par affection, aussi bien que " par deuoir, nous luy rendons auiourdhuy ce tres-humble " tesmoignage: auec cette nouuelle asseurance encore de par- " ticiper egalement tout à la fois, & à la ioye publique, & à " son desplaisir particulier. La France a tant de suiet de benir, &

& de loüer V. M. du soing qu'elle a tousiours pris pour sa « conseruation, l'ayant si sagement regie & gouuernée, du- « rant la minorité du Roy, que les Histoires ne nous sçau- « roient representer vne Regence moins troublée & agitée « des guerres ciuiles, que la vostre. Ce qui nous faict esperer, « MADAME, que le Ciel en exauçant & vos vœus & nos de- « sirs, disposera les cœurs à vne saincte vnion, & à vn doux « repos, pour recompense de vos veilles, ou plustost pour faire « iustice à vos merites. Car quand on considere cet honneur « eminent qui vous appartient en propre, de porter seule en « la Chrestienté, ce glorieux titre de Reyne Mere, & Mere « grande de tant de Roys; tout le monde vous presche la plus « heureuse Princesse de la terre. Et comme la voix du peuple « est celle la mesme de Dieu, V. M. gouftera bien tost dans le « port les plaisirs du calme & de la bonnasse, apres vn si long « orage. Ce sont les ardants souhaits, «

«

MADAME, «

«

De vos tres-humbles & tres- «
obeissans seruiteurs.

La Reyne qui auoit presté l'oreille auec beaucoup d'attention à tous ces discours; respond, qu'elle se sentoit si fort obligée de tant de faueurs, qu'elle souhaitoit desia auec impatience, l'occasion de s'en reuancher; & qu'en attendant ce bon heur, elle n'en perdroit iamais le souuenir.

Le Conseil des Finances en suite, se presente deuant sa Maiesté: & Messire Claude d'Ongnyes, Comte de Coupigny, Chef des Finances, du Conseil d'Estat de sa Maiesté Catholique, Seigneur, dont la probité le met au rang des plus sages du monde, faict la harangue au nom de toute la Compagnie, en ces termes:

MADA-

" MADAME,

"

" En cette publique reioüissance, où chacun contribuë ses
" plus humbles deuoirs, pour tesmoigner à V. M. combien
" l'honneur de sa Royale presence en cette Court est cher &
" precieux à la Serenissime Infante; ceux du Conseil des Fi-
" nances du Roy se presentent aussi à ses pieds, pour y faire
" l'offre de leur tres-humble seruice, accompagné de mille
" vœus & de mille souhaits,que ces Estats soyent si heureux,
" que d'estre choisis du ciel pour le lieu où il veüille com-
" bler V. M. de contentemens aussi parfaits, que le zele que
" nous auons à nous faire remarquer, en tous les lieux du
" monde,ses tres-humbles & tres-obeissans seruiteurs.

La Reyne qui est tout a fait sensible aux atteintes des faueurs, dont on peut obliger sa Maiesté, comme la plus genereuse Princesse qui fut iamais, se reuencha à mesme temps de ces tesmoignages de bonne volonté, par mille remerciemens, auec ce regret encore de ne pouuoir changer ses desirs en effects, pour faire voir vne plus digne recognoissance.

Incontinent apres le Conseil souuerain & Chancellerie de Brabant eut audience: & Messire Fernand de Boisschot en qualité de Chancelier, fit vne nouuelle harangue à sa Maiesté, dont voicy la copie:

" MADAME,

" Ie ne me lasserois iamais de tesmoigner à V. M. l'allegresse
" publique que tout le monde celebre de son heureuse arriuée
" en ces Pays: parce que la verité nous en est & si chere & si
" sensible,que quand l'extreme ioye que nous en auons nous
" imposeroit silence, V. M. en pourroit voir les marques
" viuement depeintes sur nos visages. Ce sera donc pour la
" seconde fois, MADAME, que ie publieray, au nom de toute
" la Compagnie,la gloire & le bon heur tout ensemble, dont

D V.M.

V. M. nous comble auiourdhuy par sa Royale presence, "
auec cet ardant desir qui nous demeure, d'emporter dans "
le tombeau pour recognoissance, la qualité de ses tres- "
humbles & tres-obeissans seruiteurs. "

Sa Maiesté s'acquita aussi pour vne seconde fois des remerciemens que ces continuels tesmoignages de bonne volonté l'obligeoient de faire selon son inclination magnanime & genereuse; en quoy elle se fit admirer à son ordinaire.

Le Conseil de la Chambre des Comptes eut la derniere audience: & Messire Iacques le Roy, Seigneur de Herbais, Conseillier & premier Maistre de la Chambre, porta la parolle, & fit cette harangue à sa Maiesté:

MADAME, "

C'est icy le College de la Chambre des Comptes du Roy, de "
la residence de cette Ville. Nous venons offrir à V. M. nos "
tres-humbles seruices; comme participans à la reiouissance "
publique de l'honneur que reçoit cette Court par sa Royale "
presence: & à cette offre nous ioindrons celle de nos vœus "
& de nos prieres, pour l'heureux succes de ses desseins, & "
pour l'accomplissement de ses esperances, en qualité de ses "
tres-humbles & tres-obeissans seruiteurs. "

La Reyne tesmoigna à son ordinaire le ressentiment qu'elle auoit de tant de faueurs, dont on l'obligeoit continuellement, par la responce qu'elle fit; dont les parolles furent animées de tant de douceur & de tant de grace, qu'elles tindrent lieu de recognoissance. De sorte que tous ces Messieurs s'en retournerent satisfaicts & contens.

Ce sont tous les Conseils qui resident en Court: & quoy que le Conseil d'Estat se trouue aussi d'ordinaire aupres de la personne de son Altesse, l'absence de la plus grande partie de ceux qui y tiennent le premier rang, rompit le dessein du reste de la Compagnie, pour s'acquiter enuers sa Maiesté d'vn semblable deuoir.

Tout

Tout cet ordre des pompes & des magnificences de l'entrée de la Reyne, fut de l'inuention de Monſieur le Chancelier du Conſeil ſouuerain de Brabant. Ses merites ſont ſi cognus, que tout ce que ie vous en ſçaurois dire, ne pourroit faire qu'vne partie de ce que la renommée en a deſia publié. D'alieurs il eſt ſi ennemy des loüanges qu'on luy donne, qu'à peine ay ie eu la permiſſion de faire imprimer ſon nom ſeulement; tant il eſt auſtere à receuoir les honneurs, qui luy ſont iuſtement deus.

Pour Meſſieurs du Magiſtrat de Bruxelles, ils ont paru ſi zelez en cette action, que ie voudrois auoir vne plume ou d'acier ou de cuiure, pour deſcrire à l'eſpreuue du temps, les loüanges qu'ils en meritent. Mais en celà, la perfection de ma volonté ſupléera au defaut de ma puiſſance. Allons plus auant.

La Reyne fit ſes deuotions le iour de l'Aſſomption de la Vierge, eſtant arriuée en la ville de Bruxelles l'auant-veille de cette grande feſte. Le Pere Souffran preſcha dans la Chapelle de la Cour deuant ſa Maieſté & ſon Alteſſe: mais ſi heureuſement, qu'il donna ſans doute mille attaintes de repentir aux cœurs les plus endurcis; i'ay du regret toutefois de n'en pouuoir parler par experience.

La muſique de l'Infante impoſa des douces loix de reſpect & de ſilence aux eſprits les plus libertins, durant l'Office; comme ayant vne melodie ſi delicieuſement charmante, qu'à peine oſoit-on reſpirer, de peur de faire bruit. Ie vous en laiſſe la penſée.

Vne des premieres Egliſes que la Reyne vid, fut celle des Peres Ieſuiſtes. En effect c'eſt vn ſuperbe edifice en magnificence, où l'art a pris plaiſir d'eſtaller au iour le plus beau de ſes merueilles: car il y faict ſi clair, qu'à peine y voit on la nuict au plus fort des tenebres.

Apres que ſa Maieſté y eut faict ſes prieres, au ſon d'vne agreable muſique de voix & d'inſtrumens, qui les rendit de longue durée; elle fut voir toute la maiſon, dont la beauté du baſtiment iointe à celle des iardins peut contenter les plus curieux. Mais dans toutes les ſales, & dans toutes les galeries, par où elle paſſoit, elle y trouuoit des nouueaux diuertiſſemens, tantoſt d'vn Balet, tantoſt d'vne excellente Muſique; puis d'vn rare artifice de certaines fontaines, qui iettoient l'eau en cent façons, & ſi agreablement, qu'on ne s'ennuyoit point à les voir. En ſuite on donna le plaiſir à ſa Maieſté d'vn combat de beſtes ſauuages; dont la feinte repreſentoit ſi puiſſamment le naturel, qu'vne grande partie des ſpectateurs fut ingenieuſement deceüe.

En fin la Reyne receut toute ſorte de ſatisfaction dans la maiſon des Peres Ieſuiſtes: & comme ie fus teſmoing auſſi bien qu'admirateur de tous ces deuoirs qu'ils luy rendirent, i'en ay voulu laiſſer ce ſouuenir à la poſterité; afin qu'elle s'acquite en leur endroit, des meſmes loüanges que tout le monde leur a données.

Ie mettray à deſſein ſous ſilence le recit des ſainctes & adorables merueilles de l'Oratoire de l'Infante, ne pouuant conceuoir des penſées ſeulement dignes de leur admiration. On diroit, que la Pieté a raſſemblé dans ce lieu tous les obiects qui peuuent eſleuer les eſprits à vn celeſte rauiſſement, & attirer les cœurs à vne heureuſe repentance: car tout y paroiſt ſi diuinement rare, & ſi ſainctement delicieux, qu'on perd tout à faict le ſouuenir de la terre, comme ſi tout à faict on eſtoit dans le ciel. Il faut confeſſer, que c'eſt vn petit Temple, où tous les obiects ſont autant d'autels conſacrez à la vertu de cette vertueuſe Princeſſe, dont les actions baſtiſſent tous les iours à ſa memoire vn ſuperbe mauſolée dans l'eternité. Ie reuiens à vous.

Sa Maieſté viſita auſſi quelques autres Egliſes; comme celle de noſtre Dame de Laken, à demi-lieüe de Bruxelles, celle de noſtre Dame du Secours, celle de ſaincte Gudule,

& beaucoup d'autres: mais par tout on admira ſes liberalitez auſſi bien que ſa pieté.

Sur le declin du iour, comme elle auoit ramené le beau temps, en faiſant ſon entrée dans les Pays-bas, ſa Maieſté s'alloit promener aux cours, pour ſe diuertir.

Veritablement, il faiſoit beau voir vne grande ſoule de carroſſes, ſans deſordre, dans les longs eſpaces de cette belle promenade. Mais ſans mentir, ie m'imaginois, prenant le canal qui va à Anuers pour la riuiere de Seine, & les prez verdoyans qui coſtoyent ſon riuage, pour vne partie des Tuilleries, que i'eſtois dans Paris. Et ce qui aydoit encore à me deceuoir, c'eſtoit l'admiration de cinq à ſix cens carroſſes à la ſuite de celle de la Reyne. Toutesfois la tromperie n'eſtoit pas grande, puis que Bruxelles eſt vn petit Paris: & ayant l'honneur alors de contenir dans ſon enceinte les deux plus parfaictes Princeſſes du monde, elle pouuoit aller du pair auec les plus ſuperbes villes de l'Vniuers. Son Alteſſe fut vn iour à cette promenade auec la Reyne: mais comme le nombre des diuertiſſemens qu'on y auoit eſtoit infini, auſſi bien que celuy des beaux obiects qu'on y admiroit; mon impuiſſance à vous raconter les vns, & à vous repreſenter les autres, me ſeruira d'excuſe. Ie ne veux pas m'eſgarer d'vn ſi beau chemin.

Quelques iours apres la Reyne eut enuie de ſe promener auec ſon Alteſſe dans le parc & dans les iardins de ſon Palais, pour en voir les allées, les fontaines, & mille autres raretez dignes d'admiration. Ce fut ſur les quatre heures du ſoir qu'elles commencerent à faire leur promenade, ſuiuies de toutes leurs Dames & Filles d'honneur; comme auſſi d'vn grand nombre de Seigneurs & de Caualiers, dont l'agreable entretien ſeruoit d'vn ſecond diuertiſſement à leurs Maiſtreſſes.

Quoy que la Reyne euſt veu fort ſouuent des feneſtres de ſa chambre, la premiere fontaine qui ſe rencontroit en chemin,dans vn grand pré tousiours verd ; si est ce qu'elle s'arresta vn long temps à son admiration. Ie vous en representeray en peu de mots l'artifice. On y voit vn dragon les deux pieds en l'air,soustenu de chasque costé par vn lion en mesme posture ; & tous trois faicts en relief apres le naturel de diuerses pieces d'escorce d'arbre ; mais si artistement,que l'ouurage en est merueilleux. Ce dragon iette l'eau par la geule dans vn grand vase de pierre de marbre , qui demeure tousiours rempli iusques aux bords,sans qu'vne seule goute d'eau se repande. Ce qui est egalement & curieux & agreable à voir.

Sa Maiesté accompagnée de son Altesse,fut en suite dans la grande allée du parc ; où de deux fontaines, qui sont aux deux bouts,sort & entre l'eau cristaline d'vn petit canal de deux pieds de large, paué & bordé de pierre , dont la blancheur donne à l'eau vn nouuel esclat argenté . Cette allée à perte de veüe,est tousiours à l'ombre du soleil, par les espais feuïllages d'vn grand nombre de chesnes plantez en ligne,dont la vieillesse raieunit encore tous les ans.

A dire la verité, ie n'eus iamais de si fortes tentations de me plaire dans le monde que ce iour là : car le temps me paressoit si beau,l'air si temperé, & les obiects si puissamment delicieux , que si i'eusse veu vn pommier ou vn figuier,i'eusse pris ce lieu là pour le Paradis terrestre. Vous voyez ce pendant, comme ie m'esgare tousiours dans de si beaux labyrinthes.

Sa Maiesté & son Altesse se reposerent au bout de cette grande allée,dans l'enclos de cette fontaine qu'on y trouue, pour en contempler l'artifice plus à leur ayse. On l'admire au trauers de certaines glaces de miroirs ingenieusement placées,qui representent mille fois tous à la fois l'eau iaillissante de cette fontaine : mais comme la beauté de ces obiects est fort delicate,ie n'en ay peu conseruer que des semblables idées. Ce qui m'oste le pouuoir de vous exprimer

mer plus parfaictement les plaisirs qu'ils produisent en leur admiration.

La Reyne & l'Infante furent en poursuiuant leur chemin dans le iardin des fruicts, où la saison fit parestre les arbres tous courbez sous le faix de leur moisson: & l'abondance en estoit si grande, qu'elle assouuit l'appetit de la plus grande partie de ceux qui auoient enuie d'en gouster.

On se treuua incontinent apres dans ce beau iardin solitaire: où le soleil plus curieux que iamais d'admirer tant de vertus, & tant de graces ensemble, darda mille traicts lumineux sur le sommet des allées voutées de diuers feuïllages, pour en percer les ombres. Mais ses efforts furent inutiles; & les beautez des Dames se treuuerent ce coup là à labry du hale, dont par vn excez de ialousie cet astre d'ordinaire les offence. Ie ne vis iamais vn si beau iour qu'en ce lieu là: & quoy que ce ne fust pas proprement vn iour ny vne nuict aussi, la sombre lumiere, dont on estoit esclairé, s'appelloit toute admirable; comme animée des beaux yeux des Dames,dont les regards esclatans seruoient de nouueaux flambeaux pour treuuer le chemin de cet agreable Dedale.

Les voila en fin arriuées dans les grotes. Ce fut là où mon imagination treuua tout à coup sa puissance bornée, ne pouuant conceuoir le nombre, & moins encore la diuersité des obiects tous differemment delicieux qu'on y admire: car l'art s'y desguise tout à la fois sous tant de beaux visages,dont l'eau est la matiere & la forme, que Platon s'y treuueroit confus auec la fecondité de ses idées.Icy à l'ombre d'vn cipres on entend les funestes huées des hibous: là sur la branche à demi seiche d'vn mirthe, vne tourterele languissante demande en son langage aux rochers d'alentour des nouuelles de sa compagne. Vn peu plus loing le rossignol perché sur vn arbre toufu degoise à l'ombre de ses feuïlles mille petites chansonnetes. A costé, l'oiseau du

mois

mois de May tousiours ialous, public luy mesme son malheur, en publiant son nom. Tout contre, vn berger en gardant ses troupeaux ioüe de la musette.

Là haut sur cette montagne, Orphée au son de sa lire attire les bois & les forests auec leurs bestes feroces; qui changeant tout à coup de nature, s'apriuoisent en dansant: & là bas dans cette valée on voit à demy, sous le creux d'vn rocher, deux forgerons en action de battre en cadance leur enclume. Ie considerois à costé de moy la malheureuse Niobé, metamorphosée en rocher à force de pleurer: & ce rocher pleuroit encore, comme s'il auoit eu enfin du sentiment, à force d'estre insensible.

Tous ces obiects que ie vous represente auec le foible pinceau de ma plume, & mille autres encore de cette nature, egalement delicieux, ne subsistent dans ces belles grotes, que par vne ame & d'eau & de vent; mais toutesfois l'art les faict viure d'vne apparence si subtilement trompeuse, qu'il faut que l'esprit desmente les sens, pour croire le contraire de ce qu'ils voyent, & de ce qu'ils entendent. Ie vous laisse à penser, si le plaisir de leur admiration, n'est pas extreme: ne le croyez pas toutesfois, iusques à ce que la curiosité vous ayt obligé de le gouster sensiblement.

Mais c'estoit vn agreable desordre, que celuy où les Filles d'honneur de la Reyne & de l'Infante se treuuerent dans ces grotes par vn lauasse de pluye artificiele inopinement suruenu, qui les acueillit auec vn peu de violence: car courant en foule de tous costez, autant que leur grauité le leur pouuoit permettre, sans treuuer vn abry; elles abandonnerent enfin leurs beautez à la douce fureur de cet orage, cherchant toutesfois, sans cesse des yeux, vn lieu pour se mettre à couuert. Mais au fort de la pluye, leurs appas & leurs graces se sauuerent à la nage sur les petites montagnes de leur sein; & d'autant qu'elles estoient de neige mouuante, elles leur faisoient tousiours peur en tremblant. A

voir

voir ces Dames toutes en larmes, à force d'eſtre moüillées; ie m'imaginois,à l'exemple de Niobé, de les voir bien toſt metamorphoſées en rocher;puis qu'en ayant deſia le cœur, la metamorphoſe en eſtoit deſia moitié faicte. Sans mentir, tout ce qui eſtoit en elles, donnoit egalement & de la pitié & de l'amour: car quoy qu'elles fuſſent toutes en pleurs,les larmes en eſtoient ſi belles,que ſi toutes enſemble euſſent peu faire vne mer, chacune à l'enuy y euſt cherché dedans ſon naufrage.

N'auez vous iamais pris garde dans vn beau iardin au fort d'vn orage de pluye,comme les roſes, les œillets, & les lis à demy noyez dans les ondes de ce petit deluge, pleurent la mort de leurs beautez nouuellement ecloſes, qui ont encouru le naufrage, d'où vient qu'ils panchent nonchalemment la teſte pour teſmoigner leur deüil? De meſme vous diray-ie de ces Dames, puis que les roſes, les œillets,& les lis de leur beau teinct,à demy fanez,& vn peu fletris,par vn excez de roſée, pleuroient le malheur de leur ſort,lequel ſur les flots de ce petit torrent desbordé,faiſoit inſolemment le pirate de leurs mignardiſes. De moy,à les voir parées de leur robes humides, ie les prenois pour les Nymphes des eaux. L'orage ceſſe enfin, & le beau temps reuient. Ces Dames ſe ſeruent de l'ardeur de leurs regards, pour faire eſpanoüir de nouueau ces meſmes roſes, ces œillets,& ces lis de leur beau teinct, ayant la meſme vertu que le ſoleil,dont la ſeule lumiere redonne l'eſclat aux obiects les plus ſombres.

La Reyne & l'Infante prirent tous ces innocens plaiſirs par diuertiſſement, iuſques à l'arriuée de la nuict,qui ſonna la retraicte. Remettons donc la ſuite de l'hiſtoire au lendemain.

Ie vous raconteray donc en ce nouueau iour pour nouuelle,que Monſieur le Comte de Noyel,ſuiuant l'ordre & le commandement de l'Infante,tenoit table ouuerte, où il deffrayoit toute la Court; mais si somptueusement, & auec tant de pompe, qu'à peine en pourriez vous croire la verité, si i'auois des termes assez puissans pour vous l'exprimer. Sa courtoisie encore, & sa ciuilité adioustoient vn nouuel esclat de magnificence à ces festins: car son abord, son acueil & son entretien, estoient si doux & si agreables, que les plus mesdisans & les plus enuieux se trouuoient forcez de changer d'humeur pour loüer la sienne. Adioustez à toutes ces veritez l'estime particulier que sa Maiesté en a tousiours faicte; & vous authoriserez, sans le cognoistre que de reputation, la confession publique que ie laisse icy de son merite.

Il faut aduoüer, que le peuple de Bruxelles a paru grandement zelé à suiure les sentimens de son Altesse en cette reioüissance de l'arriuée de la Reyne: car chacun contribuoit à l'enuy son industrie & son estude particulier, pour obliger tous ceux de sa suite de mille courtoisies, qui surpassoient de beaucoup la ciuilité & le compliment qu'on doit aux estrangers. Et à la fin on a recognu par vne nouuelle experience, que les Flamans n'auoient rien de farouche que le langage; estant d'allieurs aussi genereux & aussi magnanimes, que nation de la terre. Ie ne fais que ramenteuoir en passant cette ancienne verité à ceux qui en auroient perdu la memoire.

L'Infante ce pendant tousiours desireuse de chercher des nouueaux diuertissemens pour rendre le seiour de ses Pays plus agreable à la Reyne, faict dessein d'accompagner sa Maiesté à Anuers, apres luy auoir donné la curiosité de voir cette Ville, comme la plus belle & la mieux assise des dix-sept Prouinces. Et apres quelques iours de remise, dont les appas de Bruxelles renouuellerent souuent les delais, le iour du depart fut determiné. Mais auant que sa Maiesté sorte de la Ville, ie vous diray que depuis qu'elle y fut entrée, elle donnoit toutes les nuicts le mot de la garde au Sergent maior, à la place de son Altesse, selon qu'elle

mesme

mesme l'auoit ordonné, pour luy deferer cet honneur.

Mais n'entendez vous pas le doux bruict d'vn grand nombre de trompettes, dont les phanfares vous annoncent le depart de ces deux Princesses? Les voilà desia en carrosse: & toutes les ruës, qui sont le plus droict chemin du Palais à la porte d'Anuers, sont remplies de tant de peuples, aussi bien que les fenestres des maisons, qu'il faut necessairement croire, ou que le reste de la Ville est desert, ou qu'elle est en monde, vn petit monde.

Veritablement, les deux Courts de ces grandes Princesses vnies ensemble, produisoient vn vif esclat de pompe & de magnificence; soit pour la beauté des Dames richement parées, ou pour la mine des Caualiers superbement montez.

Vn magnifique festin fut preparé à la disnée, dans la maison de plaisance de Mr de la Faille, Seigneur de Neuele, située au grand VVillebroeck, qui est à moitié chemin de Bruxelles à Anuers. L'ordre en fut donné par Monsieur le Comte de Noyel, qui à son ordinaire se fit loüer des plus mesdisans, sans employer d'autre artifice, que celuy de sa prudence & de sa courtoisie, dont il oblige vn chacun de bonne grace. Tandis que la Reyne & l'Infante disneront, representez vous le plaisir qu'il y auoit à oüir la melodie d'vn nombre infini de trompettes, dont les François, les Flamans, les Espagnols, les Anglois, & les Allemans sonnoient l'vn à l'enuy de l'autre.

Le triomphe de l'entree de la REYNE MERE DV ROY TRES-CHRESTIEN, *accompagnee de* SON ALTESSE, *dans la Ville d'Anuers.*

SVR l'aduis que Meſſieurs du Magiſtrat d'Anuers auoient de l'arriuée de la Reyne & de l'Infante dans leur Ville, ils donnerent ordre à meſme temps, d'aſſembler dans le port du petit VVillebroeck vn nombre infini de fregates, & autres barques, pour receuoir toutes les deux Courts, & de ſa Maieſté & de ſon Alteſſe: dont les Dames, les Seigneurs, les Caualiers, & les autres perſonnes de leur ſuite, faiſoient tous enſemble vn monde de peuple.

La fregate qu'on auoit preparée pour la Reyne & pour l'Infante, faićte en forme d'vne petite galere, eſtoit richement ornée, & embellie d'vne tapiſſerie de peinture, la plus agreable en ſes croteſques qui ſe vid iamais. Douze matelots, tous veſtus d'vne meſme façon & d'vne meſme couleur, eſtoient deſtinez à ramer: & deſia leur impatience à partir, les faiſoit abandonner mille fois le port, & de volonté & de penſée. Il y auoit auſſi beaucoup de Caualiers de marque, qui auoient faićt faire expres des nouuelles fregates, ornées d'eſtendars & de banderoles de la couleur de leurs Maiſtreſſes, afin de les pouuoir entretenir en chemin auec plus de liberté. De ſorte, que tout le port eſtoit ſi remply de diuerſes ſortes de barques, qu'il faloit eſtandre bien loing la veüe pour voir ce grand bras de mer.

Mais que de cris de ioye, que d'acclamations d'allegreſſe, que de trompettes, que de clerons, que de tambours, que de coups de mouſquets, & de coups de canons entendoit on tous à la fois, à l'arriuée du carroſſe de ſa Maieſté, dans lequel l'Infante eſtoit! Ie n'oüis iamais vne harmonie plus agreable que celle de ce tintamarre, au ſon de laquelle la Reyne & l'Infante firent leur entrée dans la ſuperbe fregate qui les attendoit au port. Et en ſuite, toutes les Dames & Filles d'honneur de la Reyne & de l'Infante, prirent place dans de nouuelles fregates, qu'on auoit deſtinées pour leur ſeruice. Et incontinent apres les Seigneurs & les

Caualiers ſe ietterent confuſement dans les premieres barques qu'ils rencontrerent, fors que ceux qui en auoient faict faire de particulieres, qui s'en ſeruirent fort à propos, & heureuſement ſelon leur deſſein.

D'abord les matelots de chaſque fregate, l'vn à l'enuy de l'autre, tiroient vanité de faire pareſtre leur zele par leur force, l'employant toute entiere pour s'eſloigner du port: à quoy le vent & les ondes ſembloient d'abord contribuer leur ſecours.

Mais c'eſtoit vne merueille de voir vn monde ſur l'eau, faire par ſignes les derniers adieux à vn nouueau monde qu'il laiſſoit ſur la terre: car en verité, on peut ſouſtenir qu'il demeura autant de perſonnes ſur le riuage, qu'il en entra dans les fregates, quoy que le nombre des dernieres fuſt ſans nombre. L'eſtonnement eſtoit encore à voir, tout le long du chemin vn autre nouueau monde de chaſque coſté du riuage, eſtant remply de mille & mille ſortes de gens, la plus grande partie veſtus à la ruſtique; qui par leur action teſmoignoient de n'eſtre animez que de ioye & de rauiſſement, à l'obiect de toutes ces merueilles paſſageres, dont les ondes ialouſes leur deſroboient peu à peu l'admiration.

De tous les forts qu'on rencontroit en chemin, les Capitaines qui commandoient, enuoyoient au deuant de la Reyne & de l'Infante le bruict d'vn nombre infini de coups de canons, pour s'acquiter de loing, par cet artifice, de l'hommage de leur ſeruitude, & pour en faire porter à meſme temps les nouuelles à tous les lieux aux enuirons.

Repreſentez vous encore que chaſque fregate auoit ſa muſique particuliere auſſi bien que ſes matelots. En l'vne la muſique de voix charmoit delicieuſement les oreilles: en l'autre celle des inſtrumens rauiſſoit les eſprits: en celle là les clerons & les trompettes charmoient les cœurs d'vne d'vne autre ſorte : & en celle-cy les violons reioüiſſoient les plus melancholiques.

Ie vous laiſſe à penſer maintenant,ſi la beauté du temps qui auoit ſes douceurs particulieres, & celle des obiects ſes appas differens,ne faiſoient point auec toutes les autres delices vn comble de ioye & de felicité, capable d'eſleuer les ames iuſques à l'extaſe & au rauiſſement ; ne voir que des Anges,n'oüir que leurs voix à la ſuite de toutes les Vertus enſemble. Que ſçauroit on adiouſter à tant de plaiſir & à tant de gloire, auoir touſiours les Graces deuant ſes yeux, les Muſes à ſes oreilles, & les vniques merueilles de la terre pour vn nouuel obiect de felicité ? quel bien peut on ſouhaiter egal à celuy là ? quel contentement ſeruira d'exemple à ces delices? De moy,ie confeſſe, que ſi i'euſſe faict vn long temps reflexion de leurs douceurs pour les gouſter en leur pureté,i'euſſe eu des puiſſantes tentations d'en deuenir idolatre : car les ſens,les eſprits, & toutes les puiſſances de l'ame y treuuoient egalement,chacune ſelon ſa capacité, mille ſubiects de rauiſſement.

Mais quelle nouuelle merueille,ſi iadis Orphée & Amphion,l'vn au ſon de ſa lire, & l'autre par l'armonie de ſa voix, attiroient les rochers & les montagnes ? Ces deux grandes Princeſſes,au ſon du bruict de leur renommée, attiroient apres elles tout le monde enſemble : car quelle foule de Dames & de Seigneurs ſeulement admire on auiourdhuy à leur ſuite ? C'eſt à ce coup qu'on peut hardiment ſouſtenir, que l'Empire de la terre n'eſt pas ſi grand que celuy de l'onde,puis qu'elle contient dans ces humides eſpaces tout ce que la Gloire a de precieux,& la Pieté d'admirable.

Que ie prenois plaiſir d'oüir gronder ſes ondes, & de vanité,& d'arrogance, portant ſur leur dos vn ſi riche fardeau ! mais comme ſi toutes enſemble euſſent voulu auoir part à cette gloire, l'vne ſe deſchargeoit ſur l'autre ſans ceſſe, ſe, ioüiſſant de la ſorte d'vn meſme priuilege. Ie vous diray en paſſant, qu'il me ſembloit que les fregates des Dames alloient plus viſte que celles des autres; comme ſi leurs amans en euſſent faict enfler les voiles par le vent de leurs ſouſpirs.

I'eus cette penſée encore à voir tout ce grand monde, que c'eſtoit vne armée de l'amour, qui pour la defence de la iuſtice alloit combatre le malheur du temps. Et comme la voix du peuple, dont le Ciel eſt l'organe, en preſageoit deſia le triomphe par ſes cris de ioye, on en celebroit la feſte par aduance auec luy. Et le bruit s'eſpandant par tout, auoit obligé Monſieur le Marquis de ſaincte Croix, Gouuerneur general des armées de ſa Maieſté Catholique en ces Prouinces, & Monſieur le Marquis d'Aytona, ſon Ambaſſadeur & Admiral de la Mer, auec beaucoup d'autres Seigneurs Eſpagnols & du Pays, de venir au deuant de la Reyne & de l'Infante, comme ils firent dans vn grand nombre de chalouppes ornées de banderolles, & chargées de canons. Et à la veüe de la fregate où eſtoient ſa Maieſté & ſon Alteſſe, ces meſmes canons furent les porteurs de l'hommage de leurs reſpects, faiſant eſclater en l'air, ſur la terre, & dans l'onde, par vn reſonnement d'echo, les plus ſecrets ſentimens de leur humilité, & de leur allegreſſe.

A meſme qu'ils s'approchoient peu à peu, vn grand nombre de nauires de guerre, mais en ce iour là de paix, ſe ioignant à leurs chalouppes, & à beaucoup d'autres qui les auoient ſuiuies, faiſoient tous enſemble vne armée nauale; qui en tres-bel ordre, & au bruit de mille & mille coups de mouſquets, & autant de coups de canon, s'approchoit à voile deſployée de cette armée de l'Innocence & de la Pieté, pour en celebrer le triomphe. Toutesfois ne l'oſant aborder de pres par reſpect, elle fit halte du coſté du riuage de Flandres, pour luy laiſſer prendre le deuant. Mais c'eſtoit

vn

vn extreme contentement, d'oüir renouueller à tous momens les proteſtations de ſeruitude à cette nouuelle armée qui venoit accueillir l'autre, par vn nouueau bruict de coups de canons, adouci de celuy des trompettes, dont les fanfares donnant le deffi à mille autres encore, qui eſtoient de la ſuitte de la Reyne & de l'Infante, toutes enſemble faiſoient vn concert de muſique de triomphe, le plus delicieux qu'on oüit iamais.

Ie ne ſçay où i'en ſuis maintenant, ayant à vous repreſenter des merueilles inimaginables, puis qu'apres les auoir veües & oüyes, ie doute encor de cette meſme verité. Repreſentez vous donc confuſement, ne pouuant vous exprimer mes penſées d'autre ſorte, qu'à la premiere deſcouuerte de la ville d'Anuers. Tous les Echos d'alentour, l'vn apres l'autre, nous firent oüir diuerſes fois auec autant d'eſtonnement que d'admiration vn bruict delicieuſement epouuentable, comme ſurprenant les ſens malgré les eſprits, puis qu'on reſpiroit touſiours contans dans vn comble de ioye, & de reſioüiſſance. C'eſtoit le bruict d'vn nombre infini de coups de canons, & de coups de mouſquets; dont Meſſieurs d'Anuers firent ſaluër d'abord ſa Maieſté & ſon Alteſſe. Et à l'inſtant meſme toutes ces autres fregates, & ces nauires de guerre qui les eſtoient venus rencontrer, continuerent à s'acquiter de ce meſme deuoir, deſchargeant toute leur artillerie ſur le dos des ondes: leſquelles peureuſes fuyoient touſiours; mais en fuyant elles emportoient auec elles ce pretieux butin, & cette glorieuſe conqueſte, que le Ciel pluſtoſt que la Terre leur auoit mis en depoſt.

Que c'eſtoit vn obiect prodigieuſement merueilleux de voir cette ſuperbe ville d'Anuers, aſſiſe ſur le bord de la mer deuant ſes yeux, ſans la voir toutesfois que d'imagination, & de penſée: car ſes clochers, ſes tours, ſes rempars, ſes baſtions & ſon port eſtoient tellement remplis de peuple,qu'on ne voyoit rien autre chose, comme si c'eust esté vne Ville toute de monde,& sans maisons, & sans murailles. Et à mesure qu'on s'en approchoit, il sembloit que ce peuple, quoy qu'innombrable,croissoit à tous momens en nombre, decouurant peu à peu le corps monstrueux de sa foule; qui en effect estoit si grande,qu'il falloit croire necessairement que tous auoient abandonné leurs maisons, pour voir surgir dans leur port toutes les vertus ensemble. Ie veux dire la plus grande Reyne du monde, & la plus admirable Princesse qui fut iamais. Ie changeray de ton, pour vous faire part sur ce suiet d'vne serieuse pensée.

I'eus en imagination comme Xerxes, à la veüe de tout ce grand monde, souspirant toutesfois au lieu de pleurer, qu'au bout de cent ans ce ne seroit plus rien qu'vn peu de cendres, & que cent ans encore apres ces mesmes cendres ne subsisteroient plus qu'en idée dans les profonds abismes de la nature. Consideration qui seruit de temperament à la ioye extreme, dont vn si grand nombre d'obiects egalement delicieux combloit mes sens & mes esprits. Ie vous en fais present pour resister aux tentations des vanitez du monde. Voicy encore le reuers de la medaille.

Mais quel estonnement me saisit au milieu d'vne si grande allegresse! ie voy la terre toute en armes, l'air tout en fumée, & l'onde tout en feu. Quel prodige encore! la terre tremble de ioye, le feu brule dans l'eau, espris de son amour: l'eau brule dans ses flames amoureuses, & l'air qui remplit tout, se treuue remply luy mesme de resioüissance: car comme les cœurs ne respirent & ne souspirent d'autre chose,ils luy communiquent la nature de leurs sentimens.

Ce ne sont point des fables: les canons en cette allegresse publique faisoient trembler la terre, & l'ardeur de leurs flammes ne pouuant tout à coup s'esteindre, l'eau & le feu se faisoient admirer ensemble,comme s'ils eussent faict la paix.

Il

Il me ſemble que le temps ſe change,& qu'vn broüillard eſpais nous oſte auec la clarté du ſoleil l'admiration de tant de merueilles. Ie me trompe, ces broüillards ne ſont que de fumée,& la cauſe eſt trop agreable pour me plaindre de ſes effects. Auſſi bien le ſoleil curieux de voir ce qu'il n'auoit encore iamais veu, les diſſoud peu à peu par la force de ſes rayons, & ſi agreablement, qu'on diroit que la lumiere de ces meſmes rayons eſt le feu de cette fumée.

Ce m'eſtoit vn ſenſible plaiſir d'entendre vne muſique à tant de parties,ſi charmante comme celle des voix, des inſtrumens, des hautbois, des clairons, des trompettes, des tambours & des cloches; dont les diuers reſonnemens faiſoient tous enſemble vn concert ſi delicieux, que les appas ſe rendoient bien ſenſibles aux oreilles pour ſe faire gouſter, mais non point aux eſprits pour ſe laiſſer comprendre.

Toutes ces belles choſes repreſentoient,chacune à ſa façon, ſur le theatre de l'onde, les plus doux contentemens qui ſe treuuent en la nature. Les yeux auoient pour obiect des montagnes de peuple, dont la diuerſité ſans nombre produiſoit autant de differentes delices: les oreilles attachées continuellement à vne muſique, toute d'allegreſſe, treuuoient dequoy aſſouuir l'appetit de leur ſens; & les autres,rauis par l'effort de la ioye, dont les ames eſtoient comblées, demeuroient en repos hors de leur element. Et comme le theatre, où tous ces paſſetemps diuertiſſoient les eſprits,eſtoit diaphane, leur obiect ſe faiſoit admirer deux fois ſous vn meſme viſage; mais touſiours auec des appas nouueaux,qui naiſſoient de leur action continuelle.

Penſez vn peu à la diuerſité de tous ces plaiſirs, de voir en vn meſme temps,& tout à la fois, mille bouſées de feu nager ſur la ſurface de l'onde & entre deux eaux, par autant de coups de canon,dont le bruict ſe rendoit delicieux, à force d'eſtre effroyable: de voir encore ce grand bras de mer chargé d'vn nombre infini de nauires, dont les ombres auſſi agreables que le corps attiroient tout à la fois & les yeux & les eſprits à leur admiration : d'oüir auſſi le nouueau concert de muſique,que les Echos des rochers & des montagnes faiſoient ſeparement à diuerſes parties,pour ſe faire entendre par toute la terre. Ce qui me perſuade de croire,que le reſonnement de leur douce melodie retentiſſoit aux oreilles de mon Roy, & que de la ſorte ſon cœur tout genereux reſpiroit par interualle, & de ioye & d'amour,comme participant à l'honneur de tous ces triomphes.

Veritablement ie m'imaginois dans vne agreable reſuerie qui me poſſedoit, que c'eſtoit le iour des nopces de Neptune & d'Amphitrite,& qu'ainſi Thetis & les Dieux marins auec les Nymphes des eaux celebroient la feſte de leur Hymenée dans les vaſtes palais de l'Ocean. Puis eſueillant mon eſprit en ſurſaut,ie changeois d'opinion & de croyance, & me perſuadois que c'eſtoit la Reyne Siciderammie qui ſortoit en triomphe de ſeruitude,pour aller à la conqueſte de ſa premiere liberté. Ie reuiens à vous.

Aux approches de la Citadele d'Anuers,cette fortereſſe imprenable nous fit encore oüir le bruit tonnant de ſes canons : ie dy tonnant, car à ne point mentir, on euſt dict que mille eclats de foudres bruyoient dans vn air tout de fumée, & la flame eſtincellante qui deuançoit le coup en fortifiet l'opinion, produiſant des eſclairs en apparence. Mais que c'eſtoit vne agreable nuict que celle que l'abondance de la fumée auoit cauſée ! le ciel, la terre,& l'onde eſtoient egallement cachez à nos yeux, deuant nos yeux meſme, en preſence du ſoleil. Et quoy qu'on ne viſt rien du tout, le ſouuenir d'auoir veu de ſi belles choſes, & l'eſperance ſenſible de les reuoir encore, comme les reuoyant deſia peu à peu au trauers de ces nouuelles tenebres, donnoit vn plaiſir,qui pour eſtre trop grand n'a point de nom.

De moy, ie me repreſentois le point du iour, lors que les

les premiers rayons,perçant à force de luire les rideaux de la couche humide de leur Pere, chassent les ombres de la nuict par leurs regards eclatans; dont la lumiere dorée descouure encore vne fois le sommet herbeux des plus hautes montagnes, & la pointe herissée des vieux rochers; comme aussi en suitte vn moment apres, les campagnes, les forests, & les villes entieres, mais auec des contentemens nonpareils : car en effect les nuages espais de la fumée representoient vne nuict, & les rayons du soleil en dissipant les tenebres, on admiroit lentement par la suitte de diuers momens, tantost la teste orgueilleuse d'vne haute tour, apres la pointe aiguë des clochers, puis le faiste luisant des Palais; & à l'heure mesme vne des plus belles Villes du monde, dont l'obiect se rendoit encore plus admirable, faisant voir auec elle tout son peuple, & d'vne façon qui donnoit autant d'estonnement que de plaisir: parce qu'on eust dict que ses tours, ses clochers, ses maisons, & ses murailles estoient percées à iour de tous costez en mille endroits, pour faire vn nombre infini de fenestres, par où ce peuple se laissoit rauir de ioye, & d'admiration tout ensemble.

Les rempars & les bouleuars de la Ville qui regardoient sur l'eau, estoient bordez de diuerses pieces de canon; dont le bruict respondant auec quelque ordre delicieusement confus à celuy que les autres pieces de batterie, qui estoient sur les nauires, faisoient retentir par tout auec vn doux effroy, produisoit vne musique de guerre à diuerses parties: mais comme la ioye l'auoit composée, & qu'elle mesme battoit la mesure, la verité du plaisir estoit plus forte que l'apparance de la crainte.

On auoit orné de nouueau les rempars, depuis la porte de Croonenborch iusques au corps de garde du boulleuart de l'Abbaye de S. Michel, de cinq Compagnies de Bourgeois, tous richement armez: & sur le Hoykay cinq autres Compagnies se faisoient voir en tres-bel ordre; comme aussi sur le VVerf, où la Reyne & l'Infante deuoient se desembarquer. Les six Guldes, ou principales Compagnies des plus apparens Bourgeois, s'y firent admirer, estant vestus & armez à leur aduantage; & tous ensemble s'expliquerent trois diuerses fois par la bouche de leurs mousquets, touchant leur commune allegresse, ne pouuant l'exprimer en vn autre langage plus dignement. Cet ordre auoit esté donné par Messire Henry van Etten, Cheualier, S[r] de VVestmeerbeke, Bourgmaistre; dont la naissance & le merite egallement considerables le font aymer & honnorer d'vn chacun.

Il faut que ie vous die maintenant, que quoy que les sens fussent tousiours en allarme, au bruict des canons & des mousquets, au son des clairons & des cloches, & au tintamarre des tambours & des phifres qu'on entendoit tout à la fois; si est ce pourtant que de cette mesme verité, l'allegresse qui animoit les cœurs, tiroit sa vigueur & sa force. Que si vous ne le croyez pas, en voicy la preuue.

Representez vous, que l'assurance sensible qu'on auoit d'aborder à vne terre, où les cris & les acclamations de l'allegresse du peuple eclatoient dans l'air beaucoup plus haut que les fanfares des trompettes, pour nous appeller au port, chassoit tellement la peur & la crainte des ames, & y establissoit de sorte à mesme temps le plaisir & le repos, que si les canons & les mousquets choquoient de leur bruict les oreilles, du mesme bruict encore ils charmoient les esprits. Comme aussi peut on soustenir, que les tenebres de cette nuict de fumée seruoient tousiours de flambeau aux imaginations & aux pensées, pour leur faire voir la beauté de ce mesme iour dont elles leur cachoient la lumiere, & auec elle encore celle de tous ses obiects de resioüissance, dont la plus grande partie se faisoient entendre, ne pouuant se faire voir. Voicy des nouuelles veritez.

Toute cette grande flotte de nauires, de batteaux, & de cha-

chaloupes, prit terre auec la fregate, dans laquelle estoit la Reyne & l'Infante, au riuage du VVerf, où vn nombre infini de carrosses estoient en attente. Sa Maiesté & son Altesse monterent toutes deux seules dans vn: les autres furent remplis des Dames de leur suitte. Mais il se treuua à mesme temps en ce lieu vne nouuelle armée, pour accompagner ces deux Princesses dans la Ville: les Bourgeois faisoient l'Infanterie, & les Seigneurs du Pays la Caualerie; & en cette sorte la Reyne & l'Infante firent leur entrée.

C'estoit sur le couchant du Soleil, où la chaleur du iour à demy esteinte donnoit la liberté aux Dames de mettre en veüe leurs beautez sans crainte du hale. Tellement que tous les beaux visages ayant quitté ce iour là le dueil, comme n'estant plus voilez, attiroient d'vn mesme effort, & les yeux & les esprits, à l'admiration de leurs appas & de leurs charmes.

Ie n'auois iamais veu vne tapisserie à tant de diuers personnages, comme celle dont les ruës d'Anuers estoient alors ornées: car depuis le faiste des maisons iusques au bas tout estoit remply de monde; & comme la plus grande partie estoit du sexe qu'on ayme le plus, on ne se pouuoit iamais lasser d'en contempler la diuersité, & moins encore les douceurs & les graces.

On fit rencontre dans le grand marché de huict Compagnies de Bourgeois, tous vestus & armez si richement, qu'on n'y pouuoit rien adiouster sans exces; lesquels salüerent à diuerses fois, d'vn compliment de mousquets, sa Maiesté & son Altesse. Comme aussi sept autres Compagnies firent le mesme de bonne grace, lors qu'elles passerent dans la place appellée le Oeuer: & au bout on treuua encore des nouueaux Bourgeois rangez des deux costez en haye iusques à l'Abbaye de S. Michel, où l'on auoit preparé le logement de la Reyne, comme le lieu ordinaire où les Ducs de Brabant ont accoustumé de loger. Les six Compagnies des Guldes suiuirent en tres-bel ordre la Cour de ces deux

deux Princeſſes, pour en accroiſtre la pompe & la magnificence. Et deſlors qu'elles eurent mis pied à terre dans la baſſecourt, Meſſire Iean Chryſoſtome vander Sterre, Abbé treſdigne, accompagné de Meſſieurs Fredegand Bonello Prieur, & de Philippe Abeel Camerier, leur vint au deuant, & preſente vne clef dorée à ſon Alteſſe pour en diſpoſer à ſa volonté: mais elle luy dict qu'il la donnaſt à la Reyne; ce qu'il fit auec toute ſorte de reſpect & d'humilité, apres luy auoir parlé en ces termes:

« Madame,

« Nous ſouhaitterions maintenant que cette pauure maiſon fuſt vn ſuperbe Louure en richeſſe & en magnificence, afin d'y receuoir plus dignement voſtre Mté: mais ne pouuant changer nos deſirs en effects, nous les changerons en prieres, faiſant mille veux pour l'accompliſſement des voſtres.

La Reyne fut tres-ſatisfaicte de cette harangue, comme remplie d'autant de zele que d'eloquence: ce qu'elle teſmoigna à Monſieur l'Abbé par l'accueil & par les remercimens qu'elle luy fit lors qu'il luy preſenta cette clef.

Sa Maieſté rencontra en ſuitte tout le Magiſtrat de la Ville en corps, à l'entrée de la premiere ſale de l'Abbaye, ou Maiſtre Iacques Edelheere, premier Conſeiller & Penſionnaire, portant la parole pour toute la Compagnie, luy fit cette harangue:

« Madame,

« Le Magiſtrat de cette Ville vient ſe proſterner aux pieds de voſtre Maieſté, pour luy rendre l'hommage des reſpects & des ſubmiſſions qui luy ſont deües, comme à la plus grande Reyne du monde: mais l'eſclat de vos Grandeurs l'eſbloüit tellement dans ſa petiteſſe, qu'il ſe treuue tout confus & tout en deſordre au plus fort de ſa reſioüiſſance, ne pouuant l'exprimer par les effects, & moins encore par les

» les paroles. Qui ne ſeroit auſſi eſtonné, MADAME, de voir » en vous voyant, tout ce que la Nature a de plus precieux, » & la terre de plus rare : car on admire tant de Maieſtez en » la voſtre, & il faut paſſer par tant de thrônes pour monter » à celuy de voſtre gloire, qu'on craint meſme de vous of- » fencer en vous honnorant, puis que toutes ſortes d'hon- » neurs ſont infiniment rabaiſſez au deſſous de vos perfe- » ctions Royales. Que Voſtre Maieſté ſe contente donc, s'il » luy plaiſt, MADAME, du zele & de la volonté, dont l'ardeur » allumera au iourdhuy dans cette Ville mille feux de ioye, » pour faire voir publiquement, celle que nous reſſentons » dans nos cœurs de ſon heureuſe arriuée. C'eſt la ſeule priere » que nous luy faiſons, comme ſes treſ-humbles & treſ-obeiſ- » ſans ſeruiteurs.

La Reyne touſiours genereuſe & magnanime dans toutes les rencontres où elle ſe ſent obligée, tant ſoit peu, reſpond pour teſmoigner ſon reſſentiment, qu'elle eſtoit ſi ſatisfaite des faueurs qu'elle receuoit de leur courtoiſie, qu'elle mettroit au nombre des choſes qu'elle deſire le plus, l'enuie de s'en reuancher. Parolles qui furent toutes d'or, ſelon l'eſtime que Meſſieurs du Magiſtrat en firent; & ſelon le prix auſſi que les douceurs & les graces, dont elles auoient eſté animées, leur donnoient.

L'Infante accompagna ſa Maieſté iuſques dans ſa chambre; où, apres auoir paſſé quelque temps en ſon doux entretien, elle remonte en carroſſe, & s'en va auec toute ſa Cour dans la maiſon des heritiers de feu Simon Roderiguez, qu'on luy auoit preparée pour ſa demeure, ayant quitté ſon logement ordinaire à la Reyne.

Huict Compagnies des plus notables Bourgeois la ſaluërent en paſſant dans la ruë de la Mer, où ils s'eſtoient rangez en haye de chaſque coſté, iuſques au deuant de ſon Palais : ce qu'ils firent, ſans mentir, de bonne grace.

La nuict ce pendant eſtendoit deſia peu à peu ſes ombres

G bres

bres ſur la terre, lors que la lumiere d'vn nombre infini de feux de ioye, qu'on auoit allumez dans toutes les places de la Ville, en diſſipe tout à coup l'obſcurité : de maniere qu'vn nouueau iour commençant à pareſtre encore au milieu des tenebres, le peuple ſe laiſſe delicieuſement deceuoir à cette feinte ; & comme ſi le Soleil euſt recommencé tout à coup ſa carriere, ils prennent le bel eſclat de ces feux pour la douce lumiere de ſes rayons ; & en cette ſorte ils prolongent le temps de leur reſioüiſſance publique, ſoit par leurs danſes, ſoit par leurs chanſons, ou par d'autres diuertiſſemens qui n'eſtoient pas moins agreables.

Dans tous les coings des ruës, & dans toutes les places, on treuuoit des concerts de muſique compoſez d'autant d'hommes que de filles, & tous enſemble danſant en rond aux chanſons tentoient puiſſamment les paſſans d'eſtre de la partie, ou pour le moins de contribuer leur approbation à ces doux eſbats. Ie n'eus iamais tant de plaiſir qu'à oüir chanter en leur langage ces belles Flamandes:car quoy que ie n'entendiſſe point la lettre de leurs chanſons, leurs voix animées d'allegreſſe en portoient ſi agreablement l'harmonie à mes oreilles, & auec tant de poids, & de meſure, que ie ſuis contrainct de vous en laiſſer la penſée, ne pouuant vous exprimer la mienne ſur vn ſuiet ſi delicieux.

Ie n'oublieray pas de vous dire, que l'Abbaye de ſainct Michel, où logeoit la Reyne, eſtant aſſiſe ſur le riuage de ce bras de Mer qui ſert d'vn coſté de defenſe à la Ville, les feux de ioye qu'on auoit allumez dans la baſſecourt, portoient l'eſclat de leur lumiere iuſques au plus profond de l'onde ; & en l'admiration de leurs brillantes lueurs ie m'imaginois, que les Tritons & les Nayades auoient fait des nouueaux feux d'allegreſſe dans le Palais de Neptune ; & la Mer en pareſſoit ſi eſclatante, que ſi Venus ſe fuſt accouchée

couchée cette nuict là d'vn nouueau Cupidon chez Thetis, ie me veux persuader qu'il n'eust point esté aueugle.

Imaginez vous encore, que tous ces feux de ioye esleuez dans l'air par la force de l'art, produisoient vn nombre infini d'estoilles, par autant d'estincelles, qui en naissant pour luire, & luisant pour mourir, donnoient le deffy de l'esclat & de la lueur à tous ces flambeaux de nuict, dont la belle clarté ioignant ses rayons argentez aux dorez que ces flammes faisoient admirer dans l'onde, on estoit rauy au doux obiect de tant de lumieres differentes; lesquelles toutesfois s'vnissant en vne seule, celle la charmoit de sa beauté les ames par les yeux.

Adioustez à ces veritez celle de voir le ciel, la terre, & l'onde tout en feu; mais en feu de ioye, pour celebrer vne mesme feste: car il semble que la terre soit toute embrasée du feu de son allegresse; & que l'onde, qui porte vn corps diafane & transparant, aye desia receu les especes de ces rayons enflamez, afin d'en representer encore vne fois la beauté. Et pour le ciel, il n'esclate dans son ardeur, que d'amour ou de ialousie, voyant ses astres surmontez par la lumiere de nouueaux flambeaux. Me voicy encore de retour.

Cette nuict fut mise au rang des plus beaux iours de l'année, comme ayant esté si claire que personne ne prit garde au leuer du Soleil, & desia il estoit fort auant dans sa course, lors qu'à peine on s'aperceut qu'il estoit iour. Representez vous, si les esbats & les passe-temps deuoient estre agreables, puis qu'en interrompant le repos, ils l'establissoient dans les ames, ne les rendant capables que d'en souhaiter la continuation. De sorte que toute cette resiouïssance publique se termina aussi heureusement, qu'elle auoit esté commencée.

Le Dimanche ensuiuant fut le iour destiné par le commandement de l'Infante à celebrer la feste particuliere de la Ville, & faire la Procession accoustumée. Ie dy, selon le commandement de l'Infante, d'autant qu'elle en auoit faict retarder la Solemnité iusques à l'arriuée de la Reyne, pour luy donner la satisfaction d'en considerer les curieuses magnificences. Et à cet effect Messieurs le Bourgmaistre van Etten, & autres deputez du Magistrat inuiterent sa Maiesté & son Altesse à voir tous ces somptueux appareils.

Au plus matin de ce beau iour si long temps attendu, le peuple abandonnant les maisons, court en troupe toutes les ruës de la Ville, pour commencer à celebrer la feste par le commencement de sa foule; qui s'augmentant peu à peu donnoit de l'estonnement & de l'admiration aux estrangers.

La Reyne & l'Infante suiuies chacune de sa Cour, furent en la maison de Mr Alexandre vander Goes, comme la plus commode à voir cette Procession. Toutes deux estoient assises dans vn balcon, dont l'assiete estoit fort aduantageuse à leur loüable curiosité. Les Filles de la Reyne & les Dames de l'Infante estoient dans vne grande sale qui regardoit sur la ruë; & au trauers de ses fenestres grillées elles faisoient autant d'esclaues, qu'elles iettoient de regards.

En effect c'estoit vn extreme plaisir de voir la grande foule de Caualiers qui estoit à l'entour & vis à vis de ces fenestres, mais tous attachez, sans doute, de cœur & de pensée, aussi bien que des yeux, à l'amour ou à l'admiration de ces beaux obiects. De moy, i'estimois leur bon-heur sans l'enuier, n'ayant pas la veüe assez forte pour supporter l'esclat de tant de lumieres.

Voicy ce pendant vn foible crayon des pompes pieuses & des appareils mysterieux de cette Procession. En suitte de tous les diuers Ordres de Religion, on voyoit vn grand nombre de chariots chargez de differentes statuës portant chacune son mystere, ingenieusement expliqué, soit par la perfection de l'art qui en representoit naiuement la verité sous diuerses figures, ou par la science des Muses, qui seruoient

uoient de nouueau truchement aux plus foibles esprits. Ce qui estoit fort curieux à voir à ceux mesme qui faisoient profession de mespriser toutes choses. Parmy cette foule de beaux obiects, qui en passant iettoient les semences de leur agreement dans la memoire, pour luy en laisser le souuenir, on se sentoit doucement contraint d'admirer le chef-d'œuure de l'Industrie sous la representation du Mont de Parnasse, porté par vn grand chariot tousiours roulant. Phœbus y paressoit assis sur le thrône du Dieu Mars, & de la Deesse Pallas, en action de ioüer de sa lire, ayant a ses pieds Bellone captiue, comme son vainqueur : les Muses y occupoient leurs places ordinaires, & chacune y tenoit sa partie dans vn concert de musique, le plus charmant qui fut iamais : & deslors que ce chariot se fut arresté deuant la Reyne & l'Infante, i'oüis si distinctement la belle lettre de leurs chansons, que i'en retins les vers, dont voicy la copie.

A LA REYNE.

REYNE, combien que vos Neueux
En tous lieux reçoiuent des vœux,
Et dedans tout le monde exercent leurs puissances,
Quoy qu'ils soient tous les iours heureux & triomphans,
Comparant leurs grandeurs auec leurs naissances,
Ils sont moins d'estre Roys que d'estre vos enfans.

A L'INFANTE.

Parfaict Exemple des Princesses
Attend bien tost du Ciel l'effect de nos promesses:
Tu verras les Destins,
Qui semblent supporter le party des mutins,
Punir de ces discors le Chef & les Complices;
Mais de quelque façon qu'ils rompent leurs proiects,
Ils ne sçauroient auoir des plus cruels supplices,
Que ceux qu'ils ont desia n'estant pas tes suiects.

 On

On vit à mesme temps vn superbe chariot de triomphe richement paré, où Cybele mere des Dieux assise dans vn thrône sous vn pauillon argenté, tenoit à sa protection entre ses bras vne fille vestuë d'vn habit bleu en broderie d'or & d'argent, portant la couronne sur sa teste & le sceptre à la main, qui representoit la Reyne. A son costé on voyoit la FECONDITÉ AVGVSTE, representée par vne ieune femme dont les mammelles estoient pleines de laict, ayant sur son giron vn enfant à demy nud, qui d'vne main la carressoit, & de l'autre tenoit vne corne pleine de fruicts.

C'estoit vne image de la fecondité de la Reyne, comme Mere des trois plus grands Roys de l'Europe, lesquels y furent representez par trois Nymphes: l'vne habillée à la Françoise, l'autre à l'Espagnole, & la troisiesme à l'Angloise, chacune portãt le Sceptre & la Couronne, pour marque des Royaumes qu'elles representoient. Ces couronnes estoient enlacées d'vn ruban de soye, qu'Hymenée Dieu des Nopces tenoit en sa main, comme vn signe apparent de l'vnion qu'il desiroit de ces trois Royaumes. Ce Dieu paressoit vestu de blanc, auec vne couronne verte sur la teste, & vn flambeau ardent à la main. On y voyoit encore l'Europe vestuë à l'antique, mais richement; elle estoit assise entre deux cornes d'abondance, remplies de toute sorte de fruicts, pour tesmoigner, que par la Concorde de ces trois Royaumes, elle seroit tousiours florissante.

Au deuant du chariot deux hommes à demy nuds, couronnez de ioncs marins, & appuyez chacun d'vn bras sur vn vaisseau de terre, representoient les deux fleuues de l'Escaut & de l'Arne, sous cet agreable sens que les riuieres d'Anuers & de Florence rapportoient en partie la cause, qu'elles seroient florissantes & pour l'vnion, & pour la paix de ces trois Royaumes.

A costé de cette fille qui representoit la Reyne, estoit l'ESPERANCE AVGVSTE, parée d'vne longue robe verte, ayant

ayant les mains pleines d'herbe naissante, en signe de l'esperance qu'on auoit en faueur de sa Maiesté, que ces trois Royaumes de l'Europe tousiours vnis, & tousiours florissans, estendroient vn iour beaucoup plus loing les bornes de leur Empire.

Et pour exprimer plus dignement le suiet de ce beau dessein, & de cette riche inuention, on y auoit adiousté ces quatre vers Latins de Virgile, tirez du sixiesme liure de l'Eneide:

Felix prole virûm, qualis Berecynthia mater
Inuehitur curru Phrygias turrita per vrbes,
Læta Deûm partu, centum complexa nepotes,
Omnes cælicolas, omnes supera alta tenentes.

En voicy la traduction:

Heureuse en tes enfans, à l'esgal de Cybele,
Qui marchoit dans Phrygie en superbe appareil,
Embrassant cent neueux de naissance immortelle,
Tous Dieux, tous esleuez au dessus du Soleil.

Les Bourgeois de la Ville se faisoient admirer en suitte d'vn grand nombre d'autres chariots, qui seruoient de theatre à des nouuelles raretez. Ie dy, admirer; car ils marchoient en tres-bel ordre, & tous estoient si richement armez, & si somptueusement vestus, que le moindre eust peu passer pour Capitaine à son habit & à sa mine.

La Reyne & l'Infante receurent beaucoup de contentement à voir les pompes de cette feste, où la resioüissance publique est vn des plus riches ornemens. Et sortant hors du balcon, où elles auoient pris place, pour rentrer dans la chambre, elles y treuuerent vn superbe festin qui les attendoit: en quoy Messieurs du Magistrat firent parestre de nouueau la grandeur de leur zele par celle de leur magnificence. Les Dames furent traictées aussi auec tant de splendeur & de somptuosité, qu'elles fouloient par force les confitures, ne pouuant marcher autrement; car l'abondance y fut si ſi grande,que tout le plancher de la ſale en eſtoit couuert.

Ie veux vous faire le recit maintenant d'vn nouueau feſtin de pieté,où le R.Pere Souffran inuita toutes les ames deuotes dans la maiſon du Seigneur ; ie veux dire dans l'Egliſe des Peres Ieſuiſtes, le lendemain, iour de la Natiuité noſtre Dame, où il fit deſſein de preſcher. Mais auant qu'il face couurir les tables des mets de la parolle de Dieu,ou pluſtoſt ſelon le ſens de l'allegorie, auant qu'il monte en chaire, ie m'efforceray de vous repreſenter auec le pinceau de ma plume les ſainctes raretez & les adorables merueilles du precieux baſtiment de cette belle Egliſe.

Son aſſiete eſt au milieu de la Ville,pour en rendre l'abord & plus frequent & plus commode à tout le peuple. Sa faciade eſt de pierre de taille blanche,où l'on voit les trois ordres de l'architecture,Dorique, Ionique, & Compoſite, chacun dans ſon eſclat & dans ſa perfection, comme enrichis de leurs colomnes & de leurs corniches, remplies de diuerſes figures en relief. Les friſes du premier ordre ont leur ornement de triglifes, celles du ſecond de brancages, & les autres du troiſieſme de carteles. Mais la ſubtille main de l'artiſan a graué dans cet ouurage autant de merueilles qu'il a donné de coups de marteaux : de ſorte que l'admiration ſe rend auſſi inſeparable de la matiere que la forme.

Le dedans de l'Egliſe eſt de marbre ; & la voute à compartimens, enrichie de trois cens roſes de cuiure doré, qui ſortent hors d'œuure; eſt aſſiſe dans les deux ordres de Dorique & de Ionique,ſur quarante piliers de marbre blanc ; qui comme autant de glaces de miroir bien polies retenant les eſpeces de tous les obiects qui leur ſont preſentez,rendent les corps ialoux de la beauté de leurs ombres. Ces piliers ſont rangez l'vn ſur l'autre en forme de double gallerie,& la plus haute a ſes balluſtres, & leurs ſufites egalement ornées de tableaux de la main de ce nouueau Apelle, ie veux dire de Monſieur Rubens, auec des feſtons & des bordures ſurhauſſez

haussez d'or, iettent vn esclat merueilleusement beau.

Le grand Autel est de marbre de toute sorte de couleurs; mais l'assemblage de leurs diuersitez a esté tellement concerté par le maistre qui l'a fait, que dans leur difference apparente toutes se rapportẽt ensemble, pour representer à son iour la perfection de l'art. A chasque costé de l'Autel il y a vne Chappelle de mesme matiere, où l'industrie tousiours feconde en ses inuentions se fait admirer des plus ingenieux. Sur le milieu de l'Eglise il y a aussi deux autres Chappelles, placées hors des espaces de son estenduë; l'vne consacrée à la Vierge, & l'autre à sainct Ignace. Les voutes sont de pierre blanche, taillée en figures de relief; mais si hardiment, que l'ouurage se destache en apparence de luy mesme, pour deceuoir les esprits par les yeux. Les deux autels sont enrichis des despoüilles de quelque fameuse carriere de marbre, dont la politesse esclatante fait admirer par force les appas de sa beauté insensible & inanimée.

Ce beau Temple ialous de ses propres magnificences, ne permet point au Soleil d'y entrer à toutes les heures du iour: & quoy qu'il y face iour pourtant, la lumiere en est vn peu sombre; comme si tous les precieux obiects qu'on y admire, disputant auec elle mesme la lueur & l'esclat luy en ostoient vne partie, ne pouuant gaigner le prix.

Ce fut en ce sainct lieu que le R. Pere Souffran preschant en presence de la Reyne & de l'Infante, & deuant vn monde de peuple, le iour de la Natiuité de la Vierge, fit des miracles à son ordinaire. Ie dy, des miracles, puis que par le seul effort de sa voix, animée de charité, il fit sourdre mille ruisseaux de larmes d'autant de cœurs de roche. Ie ne vous en diray pas dauantage, pour vous laisser la meditation de cette importante verité.

Quelques iours apres sa Maiesté fut inuitée d'assister à la representation d'vne Tragedie dans le College des mesmes Peres Iesuistes, situé à vne extremité de la Ville, où elle se treuua auec toute sa Cour. On luy auoit preparé vn theatre couuert & richement paré, afin qu'elle fust à labry de la foule du peuple, aussi bien que les Dames de sa suitte. Ie ne vous entretiendray point maintenant du subiect de la Tragedie, quoy que tres-beau en son inuention, & plus admirable encore en ses diuersitez: il me suffit de vous dire, que les acteurs en estoient tous excellens, que leurs habits estoient tres-riches, & que les interuales des actes s'escouloient delicieusement au son d'vn nombre infini d'instrumens, qui charmoient les ennuis des plus melancholiques. Le theatre changeant encore diuerses fois de visage par vn secret artifice, deceuoit les esprits; apres auoir trompé les sens, produisoit de nouueaux plaisirs, qui tirant vanité de leur cause, comme merueilleuse, se faisoient admirer auec estonnement, auant que se laisser gouster auec auidité. On y dansa aussi plusieurs balets, où l'agilité, la bonne grace, iointes à la magnificence des habits, tirerent des loüanges de la bouche des plus mesdisans en faueur de ceux qui estoient de la partie. En fin tout reüssit à l'aduantage de Messieurs les Iesuistes, puis que sa Maiesté fut tres-satisfaite de cette action, comme y ayant receu beaucoup de contentement.

De moy, ie ne puis celer l'honneur qui leur est deu; car ils se rendent tellement considerables, soit pour leur Pieté si apparente, soit pour leur doctrine si charitable, soit pour leur profession si necessaire & si vtile, que l'enuie cõmence à guerir de sa rage, n'ayant plus de dents pour les mordre. Il n'est point de Compagnie dans tous les Ordres de l'Eglise militante qui aye arboré plus loin l'estendart de la Croix, que celle-là. L'Europe, l'Asie, & l'Afrique, ont tout à la fois seruy egalement & d'echaffaut à leur martyre, & de theatre à leur gloire; comme si Dieu leur auoit donné pour prerogatiue par dessus tous les autres, vne grace de ferueur, de zele, & de courage, puis que leur Societé porte son mesme nom, aussi bien que ses armes. Ce n'est pas icy le lieu où i'ay fait dessein

desſein de m'eſtendre plus auant ſur vn ſuiect ſi digne : ma viſée eſt trop loing, & cette carriere eſt trop courte : venons du general au particulier.

Monſieur de Chantelouue, Preſtre de l'Oratoire de IESVS, fit voir publiquement, en ſuiuant ſa Maieſté à Anuers, que la paſſion particuliere qu'il a pour ſon ſeruice, eſtoit le plus ſçauant medecin qu'il euſt ſceu conſulter pour le guerir de ſa maladie, puis que ſon zele & ſa generoſité luy donnent egalement, & la force & le courage d'entreprendre ce voyage. Et apres vous auoir aſſuré, que toute ſa vie paſſée n'eſt qu'vne hiſtoire de fidelité, de valeur, & de ſageſſe ; ſa retraite maintenant & ſa profeſſion iointes à toutes ces vertus, dont la longue habitude s'eſt changée en nature, vous ſeruiront de leçon pour apprendre le nom propre de ſon merite. Ie pourſuis mon hiſtoire.

La Reyne eut enuie de voir cette belle Imprimerie Plantinienne, dont Monſieur Balthaſar Moretus, petit fils de Chriſtophle Plantin, ſouſtient & appuye de ſon ſeul merite la renommée, la rendant auſſi floriſſante que iamais, & par ſon ſçauoir & par ſes veilles. Vous lirez aux pages ſuiuantes les Eloges Latins & François, que ſon bel eſprit conceut, en faueur de ſa Maieſté & de ſon Alteſſe, pour recognoiſtre en quelque façon l'honneur qu'il receuoit de ces deux grandes Princeſſes.

MARIAE
REGINAE CHRISTIANISSIMAE,
TRIVM REGVM MAXIMORVM
MATRI,
QVAM
DISSENSIONIS QVÆDAM NVBES
DEO MELIOREM IN FINEM PERMITTENTE
IN FILII REGNO EXCITATA
AD GENERI PROVINCIAS DEDVXIT,
VT SERENO SVO ET FLORENTINO VVLTV
DEFLORESCENTEM BELLO BELGICAM
RECREET ATQVE ILLVSTRET,
OFFICINA PLANTINIANA,
TANTAE MAIESTATIS CORVSCANS LVMINE,
VENERABVNDA APPLAVDIT;
ET
MOX GALLIA BELGICAQVE PACATIS
PACIFICATRICIS LAVREA
IN FILII REGNO CORONANDÆ
BENE OMINATVR, FELICITER ACCLAMAT,
IV. IDVS SEPTEMBR. ANNI M. DC. XXXI.

A LA REYNE TRES-CHRESTIENNE

MARIE,

MERE DE TROIS ROYS

LES PLVS GRANDS DV MONDE,

QV'VN NVAGE DE DISSENSION

ESLEVE' DANS LE ROYAVME DE SON FILS,

DIEV L'AYANT PERMIS POVR VNE MEILLEVRE FIN,

A MENE' DANS LES PROVINCES DE SON GENDRE,

POVR RESIOVIR ET ILLVSTRER

AVEC SA FACE SEREINE ET FLORENTINE

CELLE DE LA FLANDRE DESCOLOREE PAR LES GVERRES,

L'IMPRIMERIE PLANTINIENNE,

BRILLANTE DES RAYONS D'VNE SI GRANDE MAIESTE',

APPLAVDIT EN TOVT RESPECT;

ET

LVY AVGVRE EN BREF, ET LA FELICITE DES A PRESENT

DV BEAV LAVRIER DE PAIX,

DONT ELLE SE VERRA COVRONNEE AV ROYAVME DE SON FILS

APRES LA PACIFICATION DES TROVBLES

DE FRANCE ET DE FLANDRES:

LE X. SEPTEMBRE DE L'AN M. DC. XXXI.

SERENISSIMAE PRINCIPI

ISABELLAE

CLARÆ EVGENIÆ

HISPANIARVM INFANTI,

ALBERTI PII

AETERNAE MEM. ARCHIDVCIS

VIDVAE SANCTISSIMAE,

BELGARVM ET BVRGVNDIONVM

DOMINAE SAPIENTISSIMAE,

QVAM

PIETAS DEO, BONITAS HOMINIBVS,

GRATISSIMAM EFFECIT;

CVIVS AVSPICIIS ET CONSILIIS

BELLO FELICITER FINITO

OPTATAM OMNES PACEM EXSPECTANT;

OFFICINA PLANTINIANA,

SERENITATIS EIVS RADIIS ILLVSTRATA,

OMNEM TERRÆ FELICITATEM,

SVMMAM CÆLI BEATITVDINEM

VENERABVNDA APPRECATVR,

IV. IDVS SEPTEMBR. ANNI M. DC. XXXI.

A LA SERENISSIME PRINCESSE

ISABELLE

CLAIRE EVGENIE,

INFANTE D'ESPAGNE,

VEFVE TRES-RELIGIEVSE

DV SERENISSIME ARCHIDVC

ALBERT LE PIEVX

D'ETERNELLE MEMOIRE,

PRINCESSE TRES-PRVDENTE

DES PAYS BAS ET DE BOVRGONGNE,

CHERIE DE DIEV POVR SA PIETÉ

ET DES HOMMES POVR SA BONTÉ,

DONT LA SAGE CONDVICTE ET BONS CONSEILS

FONT ESPERER A CHACVN LA FIN DE LA GVERRE

ET LE RETOVR DE LA PAIX TANT DESIREE;

L'IMPRIMERIE PLANTINIENNE,

HONNOREE DE LA PRESENCE ROYALE DE S. A.

SOVHAITE AVEC VN GRAND RESPECT

LE COMBLE DES PROSPERITEZ DE LA TERRE

ET DES FELICITEZ DV CIEL,

LE X. SEPTEMBRE DE L'AN M. DC. XXXI.

La Reyne & l'Infante receurent à faueur ce petit present, considerant son prix par l'ardeur du zele de celuy qui le faisoit. Et il faut aduoüer qu'il excelle autant en vertu qu'en sa profession, se rendant admirable en l'vne, & inimitable en l'autre. Ie vous suis tousiours.

On auroit sans doute de la peine à croire la presse qu'il y auoit tous les iours à voir disner & souper la Reyne. La grande sale du corps de garde, celle des Suisses, & toutes les premieres chambres d'entrée estoient si remplies de peuple, que souuent l'heure du disner de sa Maiesté estoit retardée, ne pouuant treuuer passage pour la viande, qu'à force de temps & de cris. La curiosité d'admirer cette sage Princesse, s'estoit changée tout à coup en vne si forte passion d'impatience en l'attente de ce bonheur, que les Dames se precipitoient dans le peril de la foule, au hazard de deschirer leurs huques, de gaster leurs rabats, & de mettre au pillage toutes les graces d'afeterie, que leur soing & leur pareure leur auoient donné ce iour là.

Pour les Bourgeois, ils ne se soucioient pas de ieusner tout vn iour, pourueu qu'ils vissent durant vn moment cette grande Reyne. Mais le plaisir estoit à considerer l'action de ces Dames, lors qu'elles estoient entrées: car ayant abordé le port, elles ne se souuenoient plus de la tempeste; ou si elles en conseruoient le souuenir, ce n'estoit qu'à dessein d'accroistre leurs douceurs par cette amertume; s'estimant heureuses d'auoir souffert cette petite incommodité, pour ioüir d'vn si grand contentement, que de voir cette vertueuse Princesse, dont la Maiesté vrayement Royale faisoit naistre tout à coup dans les ames l'amour & le respect, l'admiration & l'estonnement.

Ie remarquois encore la ruse d'vn grand nombre de Peintres, qui sous pretexte de voir disner la Reyne, desroboient ingenieusement d'vn subtil pinceau tous les traicts de son visage, pour s'enrichir par la vente qu'ils en feroient dans

tous

tous les portraits des Dames, sçachant bien qu'on ne pouuoit representer la beauté, la douceur, & la grace, que par ses mesmes traicts qui rauissoient respectueusement tout le monde. Mais quoy que ce larrecin secret fust accompagné de temerité, voulant peindre le Soleil auec vn charbon, ie loüois leur audace; puis que d'vn genereux oser, le tombeau en est tousiours glorieux.

Monsieur le Comte de Noyelle traictoit à son ordinaire toute la Cour, tenant table ouuerte pour tous les Seigneurs, & pour tous les Gentilhommes qui y vouloient aller. Et ce qui estoit considerable auec admiration dans ces festins, c'estoit la magnificence continuelle, qui paressoit tous les iours auec vn mesme esclat & auec vn mesme ordre. Ie ne prens pas ces veritez à tesmoin pour loüer Mr le Comte de Noyelle, son merite l'esleue si haut par dessus ces petis employs, & le rend capable de si grandes choses, qu'il faudroit changer & de subiect & de langage, pour en parler plus dignement?

Sa Maiesté fut curieuse de s'aller pourmener par la Ville, sans autre dessein que celuy de voir la beauté des ruës, qui en effect sont autant de galleries de plaisir & de pourmenade; car le paué en est si vny & si net, qu'on ne se treuue point incommodé, quelque temps qu'il face, ny de la boüe, ny de la poussiere. Mais ne vous estes vous iamais rencontré dans quelque beau iardin, où vn grand nombre d'allées se presentant à vos yeux tout à la fois, vous attiroient egallement sous la fraischeur de leurs ombrages; demeurant de la sorte en suspens dans vne agreable irresolution, pour vous determiner au chois ou de l'vne ou de l'autre?

La Reyne fut en ce point diuerses fois, durant sa pourmenade, ne sçachant quel chemin tenir dans le dedale des plus belles ruës du monde: car si l'vne luy paressoit agreable en sa longue estenduë; l'autre ne luy plaisoit pas moins en ses larges espaces; & si celle-là attiroit ses regards à l'admiration de ses bastimens, celle-cy auoit des nouueaux obiects qui luy donnoient d'autres plaisirs. Tellement que de quelque costé qu'elle allast, elle treuuoit tousiours le chemin tapissé de fleurs, comme paré de mille sortes de diuertissemens.

En effect il faut aduoüer, que c'est vne des plus belles Villes de l'Europe: & ie treuue ce seul defaut en sa grande renommée, qu'elle ne l'est pas encore assez, puis que tout ce qu'on en peut dire, est beaucoup moins que ce qui en est. De vous entretenir de la bonté & la douceur de son peuple, la longue experience que i'en ay faite, au nombre de beaucoup d'autres, me donne l'enuie d'en laisser au public vn volume entier, plustost que ces lignes. Mais comme le temps & mon peu de loisir m'en ostent le moyen, il me suffit de publier & de soustenir, que ce peuple est le plus charitable aux estrangers, le plus zelé en sa religion, & le plus obeissant à son Prince, qu'autre que i'aye iamais veu du merite des habitans. Ie viens encore à la beauté de la Ville.

Ses rempars sont aussi renommez en beauté, que ceux de Babylone l'estoient en force & en longue estenduë: car imaginez vous, que le grand nombre d'arbres plantez en ligne, qui de leurs espais fueillages couurent de tous costez trois larges allées, font vn beau parc à l'entour de la Ville. Et c'est vn extreme plaisir de voir les deux allées des extremitez remplies de peuple, & celle du milieu d'vn nombre infini de carrosses, pleines de Caualiers & de Dames, comme vn lieu affecté pour le cours, & pour la pourmenade. Et quoy que la presse & la foule y soit grande, ces trois allées, qui font trois chemins separez, donnent la liberté à vn chacun d'y prendre ses esbats à labry du soleil, sans y receuoir nulle sorte d'incommodité.

La Reyne se pourmenoit souuent en carrosse dans ces belles allées, d'où descouurant vne campagne à perte de veüe ornée de forests, de prez, & de riuieres, cette diuersité d'obiects luy faisoit tousiours treuuer trop court le long chemin de de la pourmenade. Elle euſt pris ſans doute ce beau lieu pour les Thuilleries, ſi la preſence du Roy, qu'elle ayme vniquement, en euſt eſté le Louure: mais en ſa ſeparation elle cherche les plaiſirs dans les plaiſirs meſme. Ie change de diſcours, ſans m'eſloigner de mon ſubiect.

Monſieur de Baradas ſe trouuant eſloigné du Roy par vn crime de malheur, dont il portoit encore la peine, ſe reſolut apres auoir donné du diuertiſſement à ſon courage dans les guerres d'Italie, de venir ſeruir en Flandre deux Maiſtreſſes tout à la fois, ie dy, la Reyne & Madamoiſelle de Creſſia; en quoy il fit pareſtre & ſa generoſité & ſon amour, s'acquitant de ſon deuoir enuers ſa Maieſté, & de ſa promeſſe enuers celle qu'il ayme le plus au monde, comme vne des plus aymables qui fut iamais. Leurs merites m'impoſent ſilence, eſtant beaucoup plus eloquens que ma plume. Voicy des nouueaux eloges.

Le Reuerend Pere le Ieune, Ieſuiſte, fit des merueilles à ſon ordinaire, en preſchant deuant ſa Maieſté & ſon Alteſſe le iour de l'Inuention ſaincte Croix dans l'Egliſe de noſtre Dame. Son zele, ſa pieté, ſa doctrine, & ſon eloquence egalement admirables firent eſclater bien haut le bruict de ſes loüanges : & ce deuoir que ie rends à ſa vertu, n'eſt qu'vn echo de leur reſonnement.

Monſieur l'Abbé de S. Germain fit auſſi vne tres-belle action, en preſchant deuant la Reyne & l'Infante dans l'Abbaye de S. Michel le iour de ſa feſte. De vous repreſenter la grandeur de ſon merite par celle de ſon eloquence, & moins encore la bonté de ſon eſprit par celle de ſa plume, ces comparaiſons ſeroient trop foibles pour des obiects ſi puiſſans : car s'il parle bien, il faict encore mieux; & quoy qu'il eſcriue encore doctement, ſes vertus ſont touſiours plus admirables que ſes eſcrits : de ſorte que les plus iuſtes loüanges qu'on luy ſçauroit donner, c'eſt de confeſſer qu'il eſt eſleué au deſſus de toutes enſemble. Ie vay touſiours plus auant.

La Reyne & l'Infante se visitoient reciproquement de iour à autre, treuuant tousiours dequoy se consoler egalement en leur doux entretien; & sans mentir, le seul obiect de leurs presences Royales donnoit de la consolation à tout le monde, s'imaginant auec beaucoup de raison, que de l'assemblée & de l'vnion de tant de vertus, il n'en pouuoient naistre que de bons conseils & de semblables resolutions.

Ces deux Princesses s'estudiant tous les iours à inuenter des nouueaux tesmoignages d'amitié pour se carresser d'vne affection mutuelle, firent vn nouueau dessein de disner ensemble. La Reyne fut la premiere qui traicta l'Infante auec toute la magnificence que le lieu pouuoit contenir, & que le temps luy pouuoit permettre: mais la pompe n'esclatoit qu'en graces, qu'en douceurs, & qu'en des nouueaux appas de demonstration d'amitié, dont ces deux Princesses se carressoient continuellement à l'enuy l'vne de l'autre.

L'Infante voulut aussi traicter la Reyne à son tour; & ie m'imaginay dans la consideration des ceremonies qui furẽt obseruées en ce festin, que c'estoit tousiours ELISABETH, qui dans sa petite maison festoyoit MARIE: & d'allieurs n'estant seruies que par des Anges en beauté & en innocence, dans vn lieu solitaire, où le soleil mesme n'osoit entrer sans espurer ses rayons, ie me sentois forcé de prendre cette belle apparence de verité, pour la verité mesme. Ie vous laisse à penser, si les obiects n'estoient pas assez puissans pour m'en faire conceuoir l'opinion. Allons tousiours plus auant.

La Reyne eut la curiosité de voir toutes les belles & riches peintures qui sont dans la maison de Monsieur Rubens. C'est vn homme dont l'industrie, quoy que rare & merueilleuse, est la moindre de ses qualitez: son iugement d'Estat, & son esprit & gouuernement l'esleuent si haut au dessus de la condition qu'il professe, que les œuures de sa prudence sont aussi admirables que celles de son pinceau. Sa Maiesté receut vn extreme contentement à contempler les merueilles animées de ses tableaux: dont l'admiration, sans doute, doit auoir broyé elle mesme les couleurs; puis qu'on ne se lasse iamais d'en admirer la beauté & la perfection.

Mais si faut il que ie publie en faueur de la verité, que Monsieur van Dijck à remporté le prix sur tous les plus grands Peintres, qui d'vne main tousiours trop hardie ont osé tirer la Reyne: car, sans mentir, l'art ne nous sçauroit iamais representer la Maiesté en son thrône, que dans le nouueau portraict qu'il en a faict. On tient qu'Apelles desroba les plus beaux traits de diuers visages, pour en depeindre vn parfaitement beau sous le nom d'Helene: mais ce Peintre plus ingenieux nous fait voir auiourdhuy dans le seul portraict de la Reyne toutes les beautez du monde, sans desrober rien à la nature, que l'inuention de faire adorer son art. Sa Maiesté luy fit l'honneur d'aller chez luy, où elle vid dans la sale le cabinet de Titian: ie veux dire, tous les chefs d'œuures de ce grand Maistre. Mais i'ose soustenir, sans flatterie, que Monsieur van Dijck partagera bien tost auec luy la gloire de sa renommée: car si cet excellent Peintre a esté l'ornement de son siecle, celuy-cy est la merueille du sien. Allons à la fin.

Monsieur le Marquis de saincte Croix, s'estudiant tousiours d'honnorer la Reyne par toutes sortes de respects & de soubmissions, luy demandoit le mot de l'armée : & quoy que ce fust du commandement de l'Infante, il s'en acquitoit de si bonne grace, qu'il rehaussoit de beaucoup le prix de cette action.

Monsieur le Sargent Maior faisoit tous les iours le mesme, demandant le mot de la garde ordinaire de la Ville à sa Maiesté : & toutes les fois qu'elle sortoit, vne Compagnie

 d'Espad'Eſpagnols ſe treuuoit rangée en haye de deux coſtez de la baſſecour de l'Abbaye, où elle montoit en carroſſe. Et cette meſme Compagnie eſtoit iour & nuict en garde dans la premiere ſale de l'entrée; & la plus proche ſentinelle du departement où logeoit la Reyne, eſtoit choiſie entre les Alferes reformez, ſelon la couſtume qu'on obſerue en la garde des Roys. De ſorte qu'on eſtoit grandement exact à s'acquiter enuers ſa Maieſté de tous les plus humbles deuoirs qu'on pouuoit luy rendre.

La Reyne voulut voir, auant que partir, la Citadelle de cette belle ville d'Anuers; où elle fut receüe, non point au bruict des canons ny des mouſquets, mais au ſon de mille agreables inſtrumens, dont la melodie ne parloit à ſa façon que de paix & de reſioüiſſance. Elle y receut autant d'honneur qu'elle y apporta de contentement; car les ſoldats deuindrent tout à coup ſentinelles, pour guetter au paſſage les douceurs & les graces qui accompagnent inſeparablement ſa Maieſté, à deſſein de les pouuoir admirer à leur aiſe. Mais à ſa ſortie, les canons ialous des inſtrumens en firent ceſſer la melodie à force de bruict, dont l'effroy & l'eſpouuante faiſoient trembler la terre. Ne vous ennuyez pas; me voicy tantoſt au bout de la carriere.

Il faut aduoüer que Monſieur d'Andelot parut glorieuſement zelé, & genereuſement ſoigneux à ſuiure tous les ſentimens de l'Infante, dans le deſſein qu'elle auoit de donner toute ſorte de ſatisfaction à la Reyne: car, ſoit dans l'ordre des commandemens qui pouuoient contribuer quelque choſe au contentement de ſa Maieſté, ſoit dans les teſmoignages particuliers de ſon affection à ſon ſeruice, il ne pouuoit iamais ſouffrir de compagnon. Ce n'eſt pas que ie vueille limiter les loüanges qui luy ſont deües du merite de ces actions; toutes celles de ſa vie ont chacune leur prix & leur vertu, dont ma plume ſera bien toſt la trompette.

Ie me ſouuiens encore de vous dire, que la Reyne fit vne heu-

heureuse rencontre de Monsieur Deslandes dans les villes du Pays-bas, pour s'en seruir en la charge de Secretaire de ses commandemens. Ie dy, heureuse, parce que l'ambition & l'interest qui sont les deux plus puissans ennemis de la conscience, n'ont iamais peu donner aucune atteinte à la sienne. Ce qui me fait croire, qu'il n'aura iamais d'autres ennemis, que ceux qui le sont de la vertu. Ie me veux acquiter encore de ce que ie dois à la verité.

Monsieur l'Abbé de sainct Germain se fit admirer de nouueau dans la nouuelle Eglise des Carmes deschaussez, où il prescha le iour de saincte Therese en presence de la Reyne, de l'Infante, & d'vn monde de peuple : & comme le subiect de son sermon estoit de l'amour diuin, les traicts de son eloquence en furent les fleches qui blesserent mille cœurs; & l'ardeur de son zele, le feu dont il embrasa les ames. Ie ne sçaurois iamais me lasser de loüer en luy tant de vertus ensemble.

La Reyne se plaisoit grandement dans cette ville d'Anuers, comme vn lieu de foire ordinaire, pour l'admiration des plus belles choses du monde : d'allieurs la douceur du peuple, le temperament de l'air, & l'assiete de l'Abbaye de S. Michel, où elle estoit logée, estoient autant d'appas differens pour luy en faire cherir la demeure.

Mais ie ne m'estonne pas, si les Roys & les Princes Souuerains du Pays affectoient le logement de cette Abbaye de S. Michel, puis que la pieté & la vie exemplaire des Prelats & des Religieux, y font pleuuoir de tous costez en abondance les graces & les benedictions du ciel.

Cette Abbaye est vne des premieres & des plus fameuses de l'Ordre de Premonstré, comme fondée l'an 1122. par S. Norbert Patriarche dudit Ordre, pour vne marque eternelle de la victoire qu'il remporta sur les ennemis de la Foy dans la mesme ville d'Anuers. Et depuis le iour, trois fois heureux de ce triomphe, Dieu a tousiours peuplé cette Abbaye d'vn grand nombre de vertueux & saincts Prelats, comme aussi de deuots Religieux; dont la doctrine & la pieté egalement admirables combattoient tous à la fois & le vice & l'heresie; l'vn par les bonnes actions, & l'autre par les charitables remonstrances. Ie ne veux point authoriser ces veritez si cognuës d'autre preuue que de celle du merite du tres-reuerend Prelat, qui apres tant de fameux deuanciers soustient & appuye auiourdhuy de sa seule vertu leur chere renommée. Si tous les Abbez du siecle le ressembloient, les Religieux auroient des beaux exemples pour bien viure.

Entre les plus remarquables antiquitez qui se treuuent dans l'Eglise de cette Abbaye, celle du Tombeau de feu Dame Isabelle de Bourbon, espouse de Charles le Hardy Duc de Bourgongne, y paroist au milieu; dans vn funeste esclat, comme enrichy d'vne magnificence effroyablement superbe, où la mort s'est faict peindre de tous costez.

C'estoit dans cette Eglise où la Reyne entendoit Messe tous les iours, & où tous les iours aussi vne partie du peuple s'assembloit, pour estre encore tesmoins de la pieté de cette grande Princesse, apres auoir esté admirateurs de toutes ses autres vertus.

Voicy en fin le iour du depart de la Reyne & de l'Infante, pour s'en retourner à Bruxelles: iour triste & beau tout ensemble, où le soleil caché sous mille petites nuées sombrement claires se faisoit voir sans qu'on le vist, d'vne façon delicieusement trompeuse.

L'impatience des matelots en l'attente des precieux tresors, dont ils doiuent charger leurs fregates & leurs chaloupes, me force de vous dire que sa Maiesté & son Altesse sont desia en chemin pour s'aller embarquer; & que tous les Bourgeois de la Ville paroissent en armes sur le riuage, en action de vouloir remercier ces deux grandes Princesses, par les complimens ordinaires de leurs mousquets, de l'honneur de leur chere visite ; comme ils font deslors qu'elles entrent dans la magnifique fregate, que Messieurs de la Ville leur auoient preparée. Les canons voulant estre de la partie, se firent oüir; mais non pas de loing, parce que le Zephire qui estoit en regne sur l'onde, n'auoit pas la force de ses freres, pour en porter le bruict par ses boufées, aux lieux les plus escartez. Ce qui reüssit heureusement sans doute selon les vœus du peuple, n'estant pas bien aise que les nouuelles de ce depart fussent sceüs de leurs voisins, puis qu'elles interessoient si fort leur contentement.

Ie ne vous fais pas vn long recit des honneurs qu'on rendit à sa Maiesté & à son Altesse sur le point de leur embarquement, parce que tout le monde paroissoit si triste, que la magnificence en portoit le dueil.

Les carrosses les attendoient à VVillebroeck, où elles disnerent dans la mesme maison de Monsieur de la Faille, de qui i'honnore particulierement le merite : & le mesme iour elles arriuerent à Bruxelles.

De vous dire maintenant auec quelles acclamations de ioye ces deux Princesses y firent leur nouuelle entrée, vos esprits seront plus feconds que ma plume, pour vous en donner des pensées plus agreables que mes discours. N'attendez de moy qu'vn second volume, si le vent ne change, ou que la pluye ne cesse.

Ie m'estois proposé de vous laisser quelque foible crayon des merites de son Altesse à la fin de ce Liure ; mais ie suis forcé de me taire, pour auoir trop de subiect de parler. Quelle apparence aussi de dire à la Vertu qu'elle est elle mesme, & d'entreprendre sur ses immortelles actions à vous faire le portraict de sa vie toute pareille? Il me suffit de vous ramenteuoir que le soleil a moins de rayons esclatans, que cette Princesse n'a de qualitez adorables ; & que ce bel astre encore, quoy que tout de lumiere, esclaire moins le monde de

ses

ſes regards, que cette chere Infante de ſes vertus. Sans mentir, ſes merites l'eſleuent à vn ſi haut degré d'eminence, qu'on ne ſçauroit plus faire des ſouhaits ny des vœus pour l'accroiſſement du nombre de ſes perfections, puis qu'elle les poſſede toutes enſemble. Mais ma plume volle trop haut, ie commence deſia à la perdre de veüe: tellement que pour expier le crime de ſa temerité, i'adreſſe mes vœus au ſilence.

F I N.

APPROBATION.

I'Ay leu auec beaucoup de satisfaction cette Histoire de l'Entrée de la Reyne Mere du Roy Tres-chrestien dans les villes des Pays-bas, de l'industrie du Sr *de la Serre Historiographe de France; où ie n'ay rien treuué que d'admirable, soit pour la richesse de l'inuention, ou pour la beauté de l'eloquence, faisant paroistre egallement la verité dans son esclat, & l'affection d'vn peuple zelé en sa plus viue ardeur; mais dans les termes de la Foy Catholique Apostolique & Romaine. Ce que ie soustiens sous l'authorité de mon seing & de ma charge. A Anuers ce* XXVI. *de Decembre* M. DC. XXXI.

Zegerus van Hontsum, Chanoine & Penitentier d'Anuers, Censeur de Liures.

www.ingramcontent.com/pod-product-compliance
Ingram Content Group UK Ltd.
Pitfield, Milton Keynes, MK11 3LW, UK
UKHW020346180726
13839UKWH00002B/948